C.H Hinz

Zur Beurteilung Appians und Plutarchs in der Darstellung der Ereignisse von der Ermordung Cäsars bis zum Tode des M. Brutus

C.H Hinz

Zur Beurteilung Appians und Plutarchs in der Darstellung der Ereignisse von der Ermordung Cäsars bis zum Tode des M. Brutus

ISBN/EAN: 9783743327313

Hergestellt in Europa, USA, Kanada, Australien, Japan

Cover: Foto ©ninafisch / pixelio.de

Manufactured and distributed by brebook publishing software (www.brebook.com)

C.H Hinz

Zur Beurteilung Appians und Plutarchs in der Darstellung der Ereignisse von der Ermordung Cäsars bis zum Tode des M. Brutus

Zur Beurteilung Appians und Plutarchs in der Darstellung der Ereignisse von der Ermordung Cäsars bis zum Tode des M. Brutus.

Inaugural-Dissertation

zur

Erlangung der Doktorwürde

der

philosophischen Fakultät der Universität Jena

vorgelegt von

C. H. Hinz

in Altona.

Jena,
Frommannsche Buchdruckerei
(Hermann Pohle)
1891.

Der Darlegung meiner eigenen Untersuchungen schicke ich eine kurze Inhaltsangabe derjenigen neueren Schriften, die meinen Forschungen zur Grundlage gedient haben, vorauf. Ich bin ausgegangen von BAILLEU's Dissertation „Quomodo Appianus in bell. civ. libr. II—V usus sit Asinii Pollionis historiis. Göttingen 1874". In dieser Abhandlung entwickelt BAILLEU die Ansicht, daß Appian uns in den vier letzten Büchern seiner römischen Bürgerkriege ein Excerpt aus den Historien des Asinius Pollio überliefert habe, in die bereits die Kommentarien des Julius Cäsar und des Augustus und die Schriften des Messala Corvinus und des Volumnius verarbeitet waren, und daß die Historien des Asinius ferner stark benutzt seien von Plutarch in den Viten des Cäsar und des Pompejus für die Kriege Cäsars mit Pompejus und dessen Anhängern und in den Viten des Brutus und Antonius für den philippensischen Krieg.

Ungefähr gleichzeitig mit der Dissertation BAILLEU's erschien diejenige WICHMANN's „De Plutarchi in vitis Bruti et Antonii fontibus, Bonn 1874". WICHMANN sucht nachzuweisen, was Plutarch den einzelnen von ihm genannten Schriftstellern, Empylus, Bibulus, Messala und Volumnius, entlehnt hat: die Briefe des Brutus Brut. 21, 29, 53, die Denkwürdigkeiten des Augustus (Brut. 27, 41; Ant. 22, 68), die Schriften des Valerius Maximus und des Nikolaus von Damaskus Brut. 53), die von Plutarch ebenfalls citiert werden, erklärt er für nur indirekt benutzt. Mittelquelle waren für die Briefe des Brutus die Schrift des Bibulus (a. a. O. S. 23) und für die Schriften des Valerius Maximus und des Nikolaus von Damaskus das Werk eines unbekannten späteren Historikers: daß Asinius dem Plutarch und dem Appian die Denkwürdigkeiten des Augustus vermittelte, ist nach WICHMANN unwahrscheinlich, obwohl Plutarch ihm in früheren Particcen der Vita des Brutus und in der Vita des Cäsar folgte, denn in der Periode nach dem Tode Cäsars weicht Plutarch von Appian, für den auch hier Asinius die Hauptquelle ist, ab a. a. O. S. 30—32).

WICHMANN's Dissertation ist angezeigt von UNGER im Phil. Anz. VII, S. 128 ff. UNGER urteilt folgendermaßen: „PETER und WICHMANN (letzterer rekurriert beständig auf die Schrift H. PETER's, Die Quellen Plutarchs in den Biographieen der Römer, Halle 1865 haben nur inhaltliche, nicht, wie sie glauben, auch litterarische Grundlagen der Biographieen des Brutus und Antonius nachgewiesen. Die Briefe des Brutus wenigstens ein Teil derselben, sind Plutarch aber nicht von Bibulus, sondern von einem Späteren vermittelt, da sich Plutarch auf sie beruft Brut. 53 in einer Auseinandersetzung den Tod der Porcia betreffend), in der er auch als Gewährsmänner den Valerius Maximus und den Nikolaus von Damaskus nennt, von denen er den ersten sicherlich und den letzten wahrscheinlich nicht eingesehen hat. Die falsche Nachricht vom Tode der Porcia findet sich außer bei Plutarch auch bei App. IV, 136 in einer von WICHMANN aus Messala und Asinius abgeleiteten Partie. Allein Messala und Asinius hätten als Bekannte des Brutus wissen müssen, daß Porcia vor Brutus starb, aus ihnen hat Appian also die falsche Nachricht nicht entlehnt. Ferner kann die Stelle aus den Kommentarien des Augustus bei App. IV, 110; Plut. Brut. 41 und Ant. 22 nicht aus Asinius stammen, da die Kommentarien des Augustus zwischen 735 und 742 herausgegeben wurden und Asinius nach Horaz carm. II, 1 bereits 724 oder 725 schrieb. Gegen eine direkte Benutzung des Asinius durch Appian und Plutarch spricht auch das Citat bei App. II, 82 und bei Plut. Cäs. 46 und Pomp. 72. Wer war nun der, der die Vermittlerrolle spielte? Etwa Strabo, der Plut. Cäs. 63 citiert wird und der den Asinius und Nikolaus kannte; oder Cremutius Cordus, mit dessen Fragmenten Plut. Brut. 44, 1 und Cic. 49, 1 übereinstimmen; oder Aufidius Bassus, dessen Fortsetzer Plinius Plutarch im Otho und Vitellius benutzt hat?"

Auf den Resultaten der Forschungen BAILLEU's fußt THOURET in: „De Cicerone, Asinio Pollione, C. Oppio rerum Caesarianarum scriptoribus. Leipz. Studien I, S. 303 ff." Auch THOURET ist der Ansicht, daß für den Bürgerkrieg zwischen Cäsar und Pompejus das Geschichtswerk des Asinius den Darstellungen des Appian und Plutarch zu Grunde liegt; aus einer Vergleichung von App. II, 82 mit Plut. Pomp. 72 als Gewährsmann für die Zahl der bei Pharsalus Gefallenen wird von beiden Geschichtschreibern Asinius genannt, dies Citat muß also der gemeinsamen Quelle entnommen sein, und von App. II, 102 mit Plut. Cäs. 55 Appian und Plutarch sprechen beide von einem Census und halten die zusammengeschmolzene Zahl der Getreideempfänger für die durch den Bürgerkrieg zusammengeschmolzene Zahl der Bürger, ein Irrtum, der in der gemeinsamen Quelle stand, der aber unmöglich dem Asinius passieren konnte, zieht er den Schluß, nicht die Historien des Asinius selbst haben den beiden Autoren vorgelegen, sondern nur ein Auszug aus demselben, und zwar war dieser Auszug in griechischer Sprache abgefaßt, da Plutarch irrtümlich glaubte, Asinius habe seine Historien griechisch geschrieben, wie sich aus Plut. Cäs. 46 ergiebt. Für den Verfasser dieses Auszuges erklärt THOURET, jedoch nur vermutungsweise auf Grund von Suidas II, 2, S. 387, den Philosophen und Rhetor Polio aus Tralles. Bezüglich der Periode nach Cäsars Tod faßt er sich außerordentlich kurz; ich citiere ihn deshalb wörtlich (a. a. O. S. 343—345 : Utrum etiam ultra Caesaris mortem progressus sit in scribendo ille i. e. auctor (Graecus) necne, diiudicari non potest. — Toto animo cum Bailleuo consentio, qui luculentissime demonstravit illos libros redolere, ut ita dicam, Asinium eiusque acerbitatem. Deinde vestigia librorum ab Augusto de vita sua scriptorum per omnes tres libros exstant. Nonnullis locis commentarii Messalae elucent. Si etiam Bailleu demonstrare voluit, omnes eas partes diversas jam Asinium Pollionem coniunxisse, frustra sudavit. Quis enim crederet, Asinium, qui non dubitaret divum Caesarem vituperare, quod commentarios parum diligenter parumque integra veritate composuisset, qui tam difficilem Augusto se praeberet, ut Timaginem rerum scriptorem, cui princeps domo sua interdixerat, tecto reciperet — quisnam, inquam, crederet, Asinium non solum commentariis Augusti usum esse ad res exponendas, quibus ipse interfuisset, sed etiam mendacia ex eis assumpsisse cfr. App. III, 95 cum Suet. d. Aug. 27 ! Ac ne temporum quidem rationi hoc congruere. Nam Asinius Pollio scribendo erat occupatus anno 721 a. u., Augustus autem res suas Cantabrico tenus bello i. e. usque ad ann. 729 libris de vita sua exposuit. — Appianus igitur ipse confudit? Quod non affirmem, tali enim ratione eum usum esse in scribendo inauditum est, cum paene constet, Appianum unum scriptorem exprimere solitum esse. Neque tamen negare audeo. Nam Augusti commentarios non solum eum legisse, sed etiam adhibuisse, ί 'Ιλλυρική docet. — Sed tota res in dubium revocatur, cum et Plutarchus et Appianus in proelio Philippensi eodem narrationis loco commentariorum Augusti mentionem faciant.

Die Ergebnisse der Untersuchungen Thouret's werden angefochten von Basiner in: „De bello civili Caesariano; quaest. Caesar. pars I. Moskau 1883", der die Ansicht, Asinius sei die direkte Quelle des Appian und Plutarch, wieder aufnimmt, indem er den Stellen, auf die Thouret seine Ansicht gründet, eine andere Auslegung giebt als letztgenannter Forscher (a. a. O. S. 6 ff.. Indes gegen Basiner wendet sich wiederum Judeich, „Cäsar im Orient, Leipzig 1885". Judeich wirft Basiner hauptsächlich vor, Basiner habe die streitigen Stellen aus dem Zusammenhange herausgerissen, weshalb er zu einer unrichtigen Interpretation gelangt sei (a. a. O. S. 33—37). Judeich bekennt sich zu der Ansicht Thouret's, bei der Darstellung des Bürgerkrieges zwischen Cäsar und Pompejus habe dem Appian und dem Plutarch nicht das Werk des Asinius selbst, sondern nur ein griechischer Auszug aus demselben vorgelegen, die er noch durch mehrere Gründe zu stützen sucht (a. a. O. S. 37 und 38): während aber Thouret die Vermutung ausspricht, der griechische Auszug aus den Historien des Asinius sei verfaßt von Polio aus Tralles, sucht Judeich zu beweisen, daß Appian und Plutarch als gemeinsame Quelle für den Bürgerkrieg zwischen Cäsar und Pompejus benutzten die ἀπομνήματα ἱστορικά des Strabo, der seinerseits wiederum die Historien des Asinius excerpierte und zur Ergänzung seiner Darstellung das Geschichtswerk des Livius und die Kommentarien Cäsars heranzog (a. a. O. S. 38—50).

Gross, „Der Wert des Geschichtswerkes des Cassius Dio als Quelle für die Geschichte der Jahre 49—44 v. Chr., Züllichau 1884", schließt sich dagegen der Vermutung Thouret's — der griechische Auszug des Polio von Tralles sei die gemeinsame Grundlage des Appian und Plutarch gewesen — an: durch ver-

schiedene Beweisgründe sucht er derselben eine sichere Grundlage
zu geben (a. a. O. S. 118—125). Für die Zeit nach Cäsars Ermordung beruht nach Gross Plutarch entweder auf gleicher
Quelle mit Livius, oder er folgt diesem selbst (a. a. O. S. 128).

Auch Ranke, „Kritische Erörterungen zur alten Geschichte"
(Weltgesch., 3. Theil, 2. Abtheilung, S. 226—237), tritt der Ansicht
bei, daß die Darstellung bei Appian und Plutarch aus dem Werk
des Asinius Pollio de bellis civilibus herfloß, ohne indes auf die
Frage einzugehen, ob den Autoren das Werk des Asinius selbst
oder eine griechische Bearbeitung desselben vorlag (a. a. O. S. 226).
Er schließt seine Untersuchung (über die Zeit vom Übergang
über den Rubicon bis zur Schlacht bei Munda) mit der Bemerkung: „Ein ähnliches Verhältnis findet sich nun auch in den
folgenden Zeiten bei Appian: er stimmt hie und da wörtlich
mit Plutarch überein, so daß man wohl zu der Vermutung berechtigt ist, daß die sonst Beiden gemeinschaftliche Quelle, Asinius
Pollio de bellis civilibus, auch hier zu Grunde liegt."

Vollgraff stellt im 2. Teile seiner Abhandlung „Greek
writers of roman history. Leyden 1880" alle Appian und Plutarch
gemeinsamen Stellen zusammen, die sich mit voller Sicherheit
auf die Schriften des Cäsar, des Tanusius Geminus, des Asinius
Pollio, des Augustus, des Messala Corvinus und des Volumnius
zurückführen lassen (a. a. O. S. 46—68). Da nun an diesen
Stellen Appian und Plutarch vielfach wörtliche Anklänge zeigen,
so glaubt Vollgraff, daß den beiden Autoren die Schriften
jener Römer durch ein griechisches Sammelwerk vermittelt
wurden. Wen er für den Verfasser dieses Werkes hält, sagt
er nicht mit voller Bestimmtheit; er weist nur auf die römische
Geschichte des Königs Juba von Mauritanien hin (a. a. O. S. 70),
die Plutarch nachweislich vielfach in seinen Biographieen benutzte, und die, wie Vollgraff im 3. Teile seiner Abhandlung
nachzuweisen sucht, auch in der Vita des Antonius Kap. 52—87
dem Plutarch als Hauptquelle diente.

Vogel beschäftigt sich in seinen Quaestiones Plutarcheae
(Marburger Dissertation von 1889) vorzugsweise mit der Vita
des Pompejus. Er zieht aus derselben alle diejenigen Particen
heraus, die entweder eine sachliche oder eine wörtliche Übereinstimmung mit Stellen aus den anderen das Zeitalter des
Pompejus behandelnden plutarchischen Biographieen aufweisen.

und dadurch beweist er, daß Plutarch in allen diesen Biographieen im wesentlichen derselben Quelle folgte wie im Pompejus. Alsdann vergleicht Vogel Plutarch mit Appian, und schließlich führt er eine Reihe von Stellen auf, in denen entweder Plutarch den Strabo citiert, oder in denen Plutarch und Appian beide zusammen oder einzeln mit Strabo in dessen Geographie oder in den Fragmenten der Hypomnemata kongruieren. Da nun Vogel annimmt, daß Strabo für historische Begebenheiten in seiner Geographie dieselben Quellen herangezogen haben wird, die er für seine Hypomnemata benutzte, so kommt er zu dem Schlusse, daß Appian und Plutarch für das Zeitalter des Pompejus die Hypomnemata Strabos ausgeschrieben haben, in denen u. a. auch die Historien des Asinius als Quellenschrift verwertet waren.

So weit die neueren Forscher; einige andere Abhandlungen jüngeren Datums werde ich weiter unten zur Besprechung heranziehen [1]. Ich habe mich in meinem obigen Referate zu zeigen bemüht, wie sich allmählich immer mehr die Ansicht Bahn gebrochen hat, Appians und Plutarchs Darstellungen der Periode vom 1. Triumvirat bis zur Ermordung Cäsars liege zwar das Geschichtswerk des Asinius zu Grunde, doch habe den beiden

---

[1] In letzter Zeit haben Landgraf (Untersuchungen zu Cäsar und seinen Fortsetzern, Erlangen 1888), Wölfflin und Miodoński (Wölfflin, Sitzungsberichte der philos.-philol. und hist. Klasse der Königl. bayer. Akademie d. Wissensch., 1889. 1. Bd., S. 319—350; Wölfflin und Miodoński,, C. Asini Pollionis de bello Africo commentarius, Leipzig 1889) den Nachweis zu liefern gesucht, „daß wir in C. Asinius Pollio den Verfasser des Tagebuchs über das Bellum Africanum und den Redakteur des cäsarianisch-hirtianischen Nachlasses zu erblicken haben". Auf die Ausführungen dieser Herren gehe ich nicht ein, da sie für das Thema, welches ich mir gestellt habe, nicht in Betracht kommen, nur eins sei hervorgehoben: ist die von den genannten drei Forschern vertretene Ansicht richtig, so ist damit noch nicht bewiesen, daß Appian und Plutarch deshalb nicht einen griechischen Auszug aus den Historien des Asinius ausgeschrieben haben können, weil sie mehrfach zu dem Bell. Afr. und dem cäsarianisch-hirtianischen Nachlaß in Widerspruch stehen. Pollio wird in seinen Historien öfters anders berichtet haben, als in dem Bell. Afr. etc. geschehen ist; Wölfflin bemerkt ganz richtig: „Pollio stand zur Zeit der Abfassung des Bell. Afr. noch so in der Partei Cäsars und der Cäsarianer, daß er das Unrühmliche der Nachwelt nicht überliefern mochte und dadurch von der strengen Unparteilichkeit abwich. Als er lange nach Cäsars Tod seine Historien schrieb, war er unabhängig" (Sitzungsberichte S. 350).

Autoren nicht des Asinius Geschichtswerk selbst vorgelegen, sondern nur ein griechischer Auszug aus demselben. Es sind allerdings einige leise Zweifel an der Richtigkeit dieser Ansicht geäußert worden, so von ZIPPEL in einer Anzeige der Arbeit JUDEICH's (SYBEL's Zeitschrift N. F. Bd. 19 S. 276 ff.) und von SCHWABE in: TEUFFEL's Röm. Litteraturgeschichte [4] S. 443; ich halte diese Zweifel aber nicht für berechtigt, ich schließe mich vielmehr der Auffassung an, Appian und Plutarch haben, als sie die Geschichte der eben genannten Epoche schrieben, die Hypomnemata des Strabo vor Augen gehabt, in denen wiederum die Historien des Asinius als Hauptquelle verwertet waren; GROSS' Gründe für THOUERT's Konjektur, Polio aus Tralles sei der Verfasser des griechischen Auszuges gewesen, den Appian und Plutarch ausschrieben, haben mich nicht überzeugen können. M. E. darf demnach die Streitfrage über den Quellenzusammenhang zwischen Appian und Plutarch in der eben genannten Periode im großen und ganzen als abgeschlossen betrachtet werden; welches aber das Verhältnis zwischen den beiden Autoren in dem Zeitabschnitt von der Ermordung Cäsars bis zum Tode des M. Brutus ist, darüber gehen, wie aus meinem Referat ersichtlich ist, die Ansichten der Forscher noch weit auseinander. Ich nehme deshalb die Untersuchung hier noch einmal wieder auf und beginne mit einer Vergleichung der einschlägigen Particen bei Plutarch mit Appian, um möglichst genau zu konstatieren, inwieweit die beiden Autoren gleichen bezw. verschiedenen Quellen gefolgt sind. Um jedoch bei dieser Vergleichung nicht allzu weitschweifig zu werden, stelle ich, namentlich im weiteren Verlaufe meiner Untersuchung, häufig größere Particen auszugsweise einander gegenüber; ich hoffe, auch auf diese Weise den häufigen jähen Wechsel von Übereinstimmungen und scharfen Widersprüchen zwischen unseren beiden Autoren hinlänglich feststellen zu können.

Im Cäsar Kap. 67 erzählt Plutarch: „Als die Mörder am 15. März die Kurie des Pompejus verließen und sich auf das Kapitol begaben, schlossen sich ihnen mehrere Vornehme, unter ihnen Lentulus Spinther und C. Octavius, an, die an der That keinen Anteil gehabt hatten, nun aber die Ehre derselben auch für sich in Anspruch nahmen; später mußten sie ihre Großthu ei mit dem Leben büßen." Appian (II, 119) berichtet ebenso über

diesen Vorgang, er fügt aber noch hinzu, daß die Vornehmen,
die sich den Mördern anschlossen, sich Dolche geliehen hatten,
und an Stelle des Octavius nennt er den Favonius, den Aquinus,
den Dolabella, den Murcus und den Patiscus. Aus der Abweichung
in den Namen schließt Gross (a. a. O. S. 126), daß Appian und
Plutarch hier auf verschiedenen Quellen beruhen; man kann ihm
jedoch nur darin beistimmen, daß die beiden Geschichtschreiber
den Bericht über das Faktum selbst aus verschiedenen Quellen
geschöpft haben, die Bemerkung, die sie an denselben anschließen,
„die Vornehmen hatten keinen Anteil an der That gehabt und
wollten nun die Ehre derselben auch für sich in Anspruch
nehmen, mußten dafür aber später mit ihrem Leben büßen", muß
aus derselben Quelle geflossen sein, da Appian und Plutarch in
derselben nicht nur unter einander, sondern auch mit Dio unter
teilweise wörtlichem Anklang übereinstimmen. Die Stellen lauten:
App. II, 119: συνέθεον δὲ αὐτοῖς τινὲς χρησάμενοι ξιφίδια, οἳ
τοῦ ἔργου μὴ μετασχόντες προσεποιοῦντο τὴν δόξαν — οἳ τῆς
μὲν δόξης οὐ μετέσχον, τῆς δὲ τιμωρίας τοῖς ἁμαρτοῦσι
συνέτυχον. Plut. Cäs. 67: ἔνιοι δὲ καὶ συνανέβαινον αὐτοῖς καὶ
κατεμίγνυσαν ἑαυτοὺς ὡς μετεσχηκότες τοῦ ἔργου καὶ προσεποιοῦντο τὴν δόξαν — οὗτοι μὲν οὖν τῆς ἀλαζονείας δίκην
ἔδωκαν ὕστερον — καὶ μηδὲ τῆς δόξης, δι' ἣν ἀπέθνησκον,
ἀπολαύσαντες ἀπιστίᾳ τῶν ἄλλων. Dio 44. 21: καὶ αὐτοῖς
καὶ ἄλλοι τινὲς τῶν πρώτων ἀφ' ἑσπέρας, τῆς μὲν ἐπιβουλῆς
οὐ συμμετασχόντες, τῆς δὲ ἀπ' αὐτῆς δόξης, ὡς καὶ ἐπαινουμένοις
σφᾶς εὕρων, καὶ τῶν ἄθλων ἃ προσεδέχοντο μεταποιησόμενοι,
συνεγένοντο. καὶ συνέβη γε αὐτοῖς ἐς τοὐναντίον τὸ πρᾶγμα
δικαιότατα περιστῆναι· οὔτε γὰρ τὸ ὄνομα τοῦ ἔργου ἅτε μηδὲν
αὐτοῦ προσκινωνήσαντες ἔλαβον, καὶ τοῦ κινδύνου τοῦ τοῖς
δράσασιν αὐτὸ συμβάντος ὡς καὶ ἐπιβουλεύσαντές σφισι μετέσχον.
Dio beruht in der Periode nach der Ermordung Cäsars vielfach
auf der livianischen Tradition (Heimbach, Quaeritur quid et quan-
tum Cassius Dio in hist. conscribenda inde a l. XL usque ad
l. XLVII e Livio desumpserit, Bonn 1878, S. 38 ff.), mit Dio
stimmt Plutarch in der Erzählung der Ereignisse nach dem
15. März 44 oft überein (Gross a. a. O. S. 126), also auch seine
Überlieferung muß zum Teil auf die livianische zurückgehen, auf
Livius als Gewährsmann beruft sich App. III, 77 (ich lese hier
mit Schweighäuser u. a.: Λιβίῳ statt Λίβωνι), er hat also

Livius direckt oder indirekt benutzt — demnach trage ich kein
Bedenken, anzunehmen, daß die obige Stelle bei sämtlichen drei
Autoren auf Livius zurückzuführen ist (auch Brut. 18 ist wahrscheinlich Livius von Plutarch benutzt; s. unten S. 75).
   Obwohl also Plutarch einerseits im Kap. 67 des Cäsar derselben Tradition folgt wie Appian, so widerspricht er ihm
andererseits nicht nur in dem eben genannten Kapitel, sondern
auch bei gleicher Gelegenheit im Brutus und Antonius. Bei
Plutarch heißt es: „Nach der Mordthat flohen Antonius und
Lepidus und versteckten sich in fremden Häusern (Cäs. 67;
nach Ant. 14 und Brut. 18 hatte Antonius auf seiner Flucht
das Kleid eines niederen Mannes angelegt ; weitere Mordthaten
und Plünderungen fanden nicht statt (Brut. 18); Brutus und die
Seinen begaben sich auf das Kapitol ἅμα πάντες ἀπὸ τοῦ βουλευτηρίου συστραφέντες ἐχώρουν εἰς τὸ Καπιτώλιον, οὐ φεύγουσιν
ἐοικότες ἀλλὰ μάλα φαιδροὶ καὶ θαῤῥαλέοι (Cäs. 67)." Appian
dagegen berichtet: „Antonius verschanzte sich nach der Ermordung Cäsars in seinem Hause, von den Senatoren wurden
in der Verwirrung viele verwundet, andere wurden getötet; auch
sonst wurden viele von den Bürgern und Fremden ermordet
Appian legt diese Mordthaten augenscheinlich den Gladiatoren
des Dec. Brutus zur Last, die seit Tagesanbruch in einem der
Kurie benachbarten Theater für eine Aufführung bereit gehalten
wurden — οἵ τε γὰρ μονομάχοι ἐκ τοῦ θεάτρου διῄεσαν ἐς τὰ
τοῦ βουλευτηρίου παραφράγματα: Plutarch erwähnt diese Fechter
hier nicht, sie sind indes genannt Brut. 12, wo er noch vielfach
aus Strabo schöpfte), die Marktwaren werden geplündert (Kap. 118),
die Mörder eilten (ἀνέθορον, Kap. 120), da sich das Volk ihnen
nicht anschloß, und da sie die Veteranen Cäsars und den Antonius
und den Lepidus fürchteten, mit den Fechtern auf das Kapitol;
durch Abgesandte ließen sie alsdann das Volk bestechen und
suchten es auf diese Weise für sich zu gewinnen." Die Wendung
bei App. II, 120 „ἀνέθορον ἐς τὸ Καπιτώλιον" halte ich nicht
für zufällig, Appian muß schon in seiner Quelle, die den Mördern
keineswegs günstig gesinnt war, gefunden haben, daß Brutus
und die Seinen sich schleunigst auf das Kapitol zurückzogen;
zu diesem Resultat gelangt man, wenn man den Bericht des
Nikolaus von Damaskus heranzieht, in dem es βίος Καίσαρος
Kap. 15 unter Anlehnung an die Darstellung Appians und in

schroffstem Gegensatz zu der Plutarchs heißt: οἱ σφαγεῖς ἔφερον θέοντες διὰ τῆς ἀγορᾶς εἰς τὸ Καπιτώλιον. Die Widersprüche zwischen Plutarch und Appian setzen sich auch weiterhin fort. Nach Plut. Brut. 18 steigen am Abend des 15. März sämtliche Mörder auf das Forum hinunter, um zu dem Volke zu reden. nach App. II, 122 kamen nur M. Brutus und Cassius. Daß hier, wie Plutarch Brut. 18 erzählt, nach Brutus noch Cinna redete, berichtet Appian nicht, nach ihm hielt vielmehr Cinna eine Ansprache an das Volk, bevor er zu den Mördern auf das Kapitol stieg (II, 121). II, 120 erzählt Appian, daß die Mörder durch Abgesandte die Menge bestechen ließen, er tadelt wiederholt (II, 120 ff.) die Mietlinge im Dienste der Verschworenen, während er die Menge, sobald sie sich dem Antonius günstig gesinnt erweist, als rein rühmt (II, 121, 125, 127; vgl. K. Peter, Zur Kritik der Quellen der ält. röm. Geschichte, Halle 1878, S. 136). Über die Bestechungen findet man natürlich bei Plutarch nichts; gerade umgekehrt macht Plutarch über die Menge die abfällige Bemerkung μιγάδες ὄντες, weil sie nicht ohne weiteres mit den Mördern sympathisiert (Brut. 18). Die Volksversammlung am Morgen nach der Mordthat findet nach Appian (II, 137) auf dem Kapitol statt, nach Plutarch (Cäs. 67) auf dem Forum; in der Senatssitzung am 17. März im Tempel der Tellus, die beide Autoren chronologisch falsch ansetzen, sprechen nach Plut. (Brut. 19) Antonius, Plancus und Cicero über Amnestie und Eintracht; Appian berichtet höchst ausführlich über diese Senatssitzung, nichtsdestoweniger erwähnt er Cicero und Plancus mit keinem Worte. Ranke (Weltgesch., 2. Theil, 2. Abtheilung, S. 332 findet dies auffällig; ich glaube, schon in Appians Quelle, die, wie Bailleu (a. a. O. S. 39 ff.) treffend ausführt, gegen Cicero und Plancus eingenommen war, war die Mitwirkung beider Männer an der Herbeiführung des Senatsbeschlusses am 17. März mit Stillschweigen übergangen, und dieser Quelle folgte Plutarch nicht. In derselben Sitzung soll nach Plut. (Brut. 19) ἔδοξε — καὶ γνώμην ὑπὲρ τιμῶν προθεῖναι τοῖς ἑκάστοις) u. a. beschlossen sein, die Konsuln sollten einen Antrag auf Ehrenbezeugungen für die Mörder stellen (vgl. auch Cäs. 67); davon weiß Appian nichts, diese Angabe ist auch entschieden falsch, und ebenso ist es falsch, wenn Plut. (Brut. 19) berichtet, daß schon am Tage nach jener Senatssitzung im Tempel der Tellus der Senat dem

M. Brutus die Provinz Kreta und dem Cassius Libyen verlieh: diese Provinzen konnten Brutus und Cassius erst erhalten, als Dolabella und Antonius Syrien und Macedonien zuerteilt wurden; auch müßte Plutarch anstatt Libyen Kyrene nennen. Appian thut dies wiederholt ganz richtig (III, 8, 12, 16: IV, 57); allerdings macht Appian hinsichtlich der Zeit der Verleihung der beiden Provinzen keine genaue Angabe, aber dennoch erzählt er, daß sie dem Brutus und Cassius erst zufielen, als Dolabella und Antonius bereits Syrien und Macedonien erhalten hatten. Gänzlich unrichtig schildert Plutarch die Ereignisse am 17. März u. s. w. im Ant. Kap. 14: er hat hier recht nachlässig gearbeitet, wie ein Vergleich mit der Vita des Brutus, die er vor der des Antonius schrieb, ergiebt. Der feierlichen Versöhnung am 17. März zwischen den Cäsarianern und den Verschworenen folgten Gastmähler an dem Abend desselben Tages: diese Gastmähler erwähnt Appian nicht, wohl aber Plutarch, der doch sonst weit weniger ausführlich ist als jener: ich glaube, die Quelle des Appian unterdrückte diese Nachricht, die auch Dio 44, 34 bringt, bereits zu Gunsten des Antonius, denn der Treubruch des Antonius mußte in einem um so häßlicheren Lichte erscheinen, wenn es hieß, Antonius habe den Cassius bei sich als Gast aufgenommen und bald darauf die Volksmenge gegen ihn aufgewiegelt (s. hierzu K. Peter, a. a. O. S. 132). Die Verhandlungen, ob das Testament Cäsars bekannt gemacht, und ob die Leiche öffentlich bestattet werden solle oder nicht, findet nach App. II, 135 und 136) am Schlusse der Senatssitzung am 17. März im Tempel der Tellus statt, nach Plut. (Brut. 20) aber erst am 18. März, so daß auch Cassius und Brutus an ihnen teilnehmen können. Die Leichenrede, welche Antonius seinem Freunde Cäsar auf dem Forum hielt, hat Plutarch nur kurz angedeutet, er hat uns aber überliefert Ant. 14, daß Antonius bei dieser Gelegenheit die Verschworenen ταλαιπώρους καὶ ἀνδροφόνους nannte. Appian hat die Rede ausführlich aufgezeichnet (II, 144—146), ausführlich schildert er, wie Antonius durch Wort und Geste die Menge zur Wut zu entflammen wußte, die eben mitgeteilte charakteristische Redewendung sucht man bei ihm indes vergebens. Die tumultuarischen Vorgänge, welche sich an die Leichenrede anschlossen, werden von Plutarch und Appian in verschiedener Reihenfolge angegeben: nach Plutarch (Cäs. 68, Brut. 20, Ant. 14 und Cic. 42

türmt das Volk auf dem Forum einen Scheiterhaufen auf, verbrennt die Leiche Cäsars, eilt mit Feuerbränden durch die Stadt, um die Häuser der Mörder anzuzünden, und tötet schließlich den Poeten Cinna, den Freund Cäsars, den es mit dem Prätor Cinna verwechselt; nach App. (II, 147 und 148) dagegen verbrennt die Menge die Kurie des Pompejus, in der Cäsar ermordet war, tobt mit Feuerbränden in der Stadt umher, zerreißt den Volkstribun Cinna, macht einen vergeblichen Angriff auf die Häuser der Mörder und verbrennt zuletzt die Leiche auf dem Forum — die Abweichung kann keine zufällige sein, da Dio (44, 50) in der Reihenfolge der Ereignisse mit Plutarch übereinstimmt. Wegen dieser Vorgänge (διὰ ταῦτα), so erzählt Plutarch (Ant. 15) weiter, verließen die Mörder die Stadt, die Freunde Cäsars scharten sich um den Antonius, und Calpurnia ließ den größten Teil des Privatvermögens und die hinterlassenen Papiere ihres Gemahls in das Haus des Antonius schaffen. Der Zeitpunkt der Überführung der Gelder und der Papiere ist von Plutarch durchaus falsch angesetzt, richtig dagegen von App. II, 125: bereits in der Nacht vom 15. auf den 16. März lieferte Calpurnia den Nachlaß ihres Gemahls dem Antonius aus (vgl. DRUMANN, Gesch. Roms Bd. 1 S. 85; SCHILLER, Gesch. der Röm. Kaiserzeit Bd. 1 S. 12; LANGE, Röm. Altertümer ² Bd. 3 S. 477). Ebenso ist es ungenau, wenn Plut. Brut. 21 und 22 erstlich von der Feier der apollinarischen Spiele und dann von der Rückkehr des Octavian nach Rom berichtet: Octavian war bereits in Rom anwesend, als jene Spiele gefeiert wurden, so erzählt App. III, 24, dessen Angabe durch Cicero bestätigt wird (LANGE, a. a. O. S. 498). Über den Verlauf dieser Spiele heißt es bei Plut. Brut. 21), daß das Volk aufgebracht war, da Antonius nach der Alleinherrschaft zu streben schien, und daß es sich nach Brutus sehnte; man erwartete, er werde kommen und persönlich die Spiele besorgen, die er als Prätor zu geben hatte; als er aber erfahren habe, daß viele der ehemaligen Veteranen Cäsars sich heimlich in kleinen Abteilungen in die Stadt schlichen, um ihn, wenn er erschien, zu töten, so habe er nicht gewagt zu kommen, sondern er habe die Spiele durch einen anderen geben lassen; die Zurüstungen zu denselben seien äußerst glänzend gewesen, Brutus habe weder Kosten noch persönliche Mühewaltungen gescheut. Dagegen berichtet App. III, 23 und 24: „Die Spiele wurden von

C. Antonius, als dem Stellvertreter des abwesenden Brutus, gegeben. Man hatte kostspielige Zurüstungen zu denselben getroffen, denn man hoffte, das Volk werde bei dieser Gelegenheit den Brutus und Cassius zurückrufen. Doch auch Octavian hatte es an Agitationen und Goldverteilungen unter der Menge nicht fehlen lassen; als nun während der Spiele einige Mietlinge laut forderten, man solle Brutus und Cassius zurückrufen, da lief das Volk haufenweise zusammen und unterbrach die Spiele, bis von jener Forderung Abstand genommen wurde." Man ersieht auf den ersten Blick, daß der Bericht des Plutarch in krasser Weise für den Brutus Partei ergreift, während der des Appian im großen und ganzen zu Gunsten des Octavian gefärbt ist. Ich habe bereits darauf hingewiesen, daß Appian in der Darstellung unserer Epoche weit ausführlicher ist als Plutarch, dennoch fehlt bei jenem manches, was dieser bringt, so die Notiz von der Erscheinung des Kometen und von dem seltenen Glanze der Sonne nach dem Tode Cäsars (Cäs. 69), dann die Stelle (Ant. 15; vgl. auch Suet. div. Aug. 35), daß die Römer alle diejenigen, welche sich bei gerichtlichen Untersuchungen auf die Papiere Cäsars beriefen, spottend Charoniten nannten; ferner der Bericht über die Reise Ciceros, über die Verhandlungen zwischen Cicero einerseits und Hirtius und Pansa andererseits, über die Rückkehr Ciceros nach Rom und über seinen ersten Aufenthalt daselbst (Cic. 43); ferner die Bemerkung (Brut. 21), daß der Senat die Mörder Cinnas nicht bestrafte, dagegen diejenigen Leute, welche die Wohnungen der Mörder angegriffen hatten, festnehmen ließ; und schließlich fehlt bei Appian diejenige Stelle Brut. 21, für die sich Plutarch auf einen Brief des Brutus beruft.

Es folgt nun bei Plut. (Ant. 16 und Brut. 22) der Bericht über das erste Auftreten des Octavian in Rom und über die Entwickelung der Mißhelligkeiten zwischen Antonius und Octavian. Die wenigen, recht allgemein gehaltenen Eingangsworte stimmen allerdings mit App. III, 9—13 überein; ich glaube aber nicht, daß unsere beiden Autoren hier die gleiche Quelle vor Augen hatten: Appian benutzte hier vielleicht die Memoiren des Augustus direkt, Plutarch aber hat sie entschieden nicht eingesehen (s. unten). Bald fehlt es auch wiederum nicht an Gegensätzen zwischen unseren beiden Geschichtschreibern. Nach Plut. Ant. 16 sagt Antonius zu Octavian, als dieser zum ersten

Male zu ihm kommt, er sei wohl nicht bei gesundem Verstande, und es fehle ihm an aufrichtigen Freunden, da er die Riesenlast der Erbschaft Cäsars auf sich zu nehmen gedenke: derartige unziemliche Redewendungen sucht man bei Appian, der doch die Entgegnung des Antonius auf die Ansprache seines jungen Gegners in 3 Kapiteln (III, 18—20) aufgezeichnet hat, vergebens, bei Appian spricht Antonius weit gemäßigter. Und dann verbietet nach App. (III, 28) Antonius dem Octavian wohl, bei den Spielen einen goldenen Ehrenstuhl für den gemordeten Cäsar aufzustellen, Appian erzählt aber nicht, wie Plut. Ant. 16, daß Antonius dem Octavian gedroht habe, er werde ihn ins Gefängnis werfen lassen, wenn er den Ehrenstuhl aufstelle und nicht aufhöre die Gunst des Volkes zu suchen. Man sieht, Plutarch hat die für Antonius ungünstigere Relation, er stellt das Verfahren des Antonius gegen Octavian als möglichst schroff hin, über letzteren aber berichtet er bei gegebener Gelegenheit wiederum günstiger als Appian. So heißt es bei App. III, 39: „Wenige Tage nach der zweiten Versöhnung zwischen Antonius und Octavian beschuldigte Antonius seinen Gegner, dieser trachte ihm nach dem Leben; Octavian suchte sich von diesem Verdachte zu reinigen, er **tobte und schric** und wollte in das Haus des Konsuls eindringen: von den Thürhütern an seinem Vorhaben gehindert, entfernte er sich **unter lauten Verwünschungen und Scheltworten** auf den Antonius; Plut. Ant. 16 erzählt schlichtweg: *καὶ μεθ' ἡμέρας ὀλίγας ἐνέπεσε λόγος, ὡς ἐπιβουλεύοι Καῖσαρ αὐτῷ· Καῖσαρ δὲ ἀπελογεῖτο μέν, οὐκ ἔπειθε δέ.* In ihren Angaben über das Verhalten Ciceros stimmen unsere beiden Autoren darin überein, daß Cicero sich gänzlich leiten läßt von einem blinden Haß gegen Antonius (Plut. Cic. 45, Brut. 22 und Ant. 17; App. III, 74 u. ö.), im übrigen aber urteilen sie gänzlich verschieden. Nach Plut. Cic. 44—46 läßt der alternde Cicero (*Κικέρων γέρων*; 46), der für Ehrenbezeugungen und Schmeicheleien recht empfänglich ist (*ἡ φύσις* — i. e. *Κικέρωνος* — *ἥττων οὖσα τιμῆς*; Cic. 45), sich von dem klugen Octavian umgarnen und hinters Licht führen, so daß er in seiner Kurzsichtigkeit wider sein Wollen lediglich diesem den Weg zur Erlangung der Macht bahnt; denn Octavian redet ihn mit „lieber Vater" an und versteht es vortrefflich, ihn bei seiner schwachen Seite zu fassen (Cic. 45). So harmlos ist

Cicero nach Appian nicht; nach diesem ist er ein niedriger Charakter, er scheut sich nicht, zur Vernichtung des Antonius das Volk durch Auferlegung ungerechter Lasten zu drücken (III, 66) und selbst die Beschlüsse des Senates zu fälschen (III, 61). Es sei mir gestattet, wiederum auf mehrere Einzelangaben hinzuweisen, die Plutarch trotz seiner Kürze vor Appian voraus hat: Plut. Ant. 16 allein erzählt uns von dem merkwürdigen Traume des Antonius, der dem Antonius sein zukünftiges Schicksal anzudeuten schien, obwohl doch Appian sonst eine gewisse Vorliebe für derartige Anekdoten bekundet; ferner vermissen wir bei Appian eine Angabe über die Höhe der Geldsumme, über die Octavian mit Antonius in Mißhelligkeiten geriet (s. Cic. 13 und Ant. 15); auch erfahren wir nichts durch Appian von den Beziehungen zwischen Cicero und Octavian, über die Plut. Cic. 44 und 45 berichtet, und endlich fehlen bei Appian wiederum die Stellen, die Plut. Brut. 22 und Cic. 45 aus den Briefen des Brutus entlehnt hat.

Den mutinensischen Krieg deutet Plutarch nur mit kurzen Worten an, doch erzählt er Ant. 17 und Cic. 45, Hirtius und Pansa besiegten den Feind. Nach App. III, 72) endeten die Kämpfe um Mutina keineswegs mit einer entscheidenden Niederlage des Antonius; nachdem Antonius den Cäsar wiederum aus seinem (des Antonius) Lager hinausgeschlagen hatte, hielt er mit seinen Freunden eine Beratung, was zu thun sei; viele waren der Meinung, er solle die Belagerung fortsetzen, er trat aber, bereits von der Gottheit auf Irrwege geführt, den Rückzug an. Wie es ihm auf demselben erging, erfahren wir, wenn wir von einer kurzen Bemerkung über den Alpenübergang absehen (III, 83), von Appian nicht, wir hören erst wieder III, 83 von ihm, wie er vor dem Lager des Lepidus eintrifft; das Schweigen des Appian an dieser Stelle ist recht verdächtig, schon seine Quelle wird hier manches, was sie zu Ungunsten des Antonius melden konnte, mit Stillschweigen übergangen haben. Nach Plut. Ant. 17 artet der Rückzug in vollständige Flucht aus, auf der die Soldaten durch den Hunger viel zu leiden hatten; Antonius gab ihnen in dieser Not ein rühmenswertes Beispiel von Enthaltsamkeit, indem er trotz seiner früheren Verschwendung und Üppigkeit verdorbenes Wasser trank und wildes Obst und Wurzeln aß. Über die Aussöhnung zwischen Antonius und Lepidus berichtet App. III, 83 und 84): „Sobald Antonius vor dem Lager des Lepidus erschien, schickte er Gesandte zu Lepidus und ließ ihn an ihre ehemalige Freundschaft erinnern und darauf aufmerksam machen, daß es allen Freunden Cäsars noch wie ihm (dem Antonius) ergehen werde; Lepidus aber trug aus Furcht vor dem Senate Bedenken, sich dem Antonius anzuschließen, allein seine Soldaten, die dem Antonius wohl gesinnt waren, ließen diesen heimlich in das Lager ein, und nun erfolgte die Aussöhnung beider Feldherren." Plut. (Ant. 18) dagegen erzählt: „Als Antonius vor dem Lager des Lepidus anlangte, ward ihm kein freundlicher Empfang zu teil. Er legte deshalb ein dunkles Gewand an (Haar und Bart hatte er auf der Flucht lang wachsen lassen), ritt an das Lager des Lepidus heran und begann die Soldaten des Lepidus anzureden; da diese von seinen Worten gerührt schienen, so ließ Lepidus die Trompeten blasen, um den Antonius zu übertönen. Heimlich aber ließen die Soldaten des Lepidus den Antonius durch Lälius und Clodius auffordern, den Lagerwall anzugreifen, viele von ihnen würden ihn aufnehmen und auf seinen Wunsch den Lepidus töten. Antonius aber verbot, den Lepidus anzurühren; als er sich dann dem Lager näherte, wurde er desselben leicht Herr, da viele Soldaten des Lepidus sich ihm anschlossen. Letzterer behielt die Würde eines Imperators und wurde auf das schonendste behandelt. Dies alles bewirkte, daß auch Munatius Plancus sich mit seinem Heere dem Antonius anschloß." Nach App. (III, 97) ward Munatius dem Antonius durch Asinius Pollio gewonnen; des Asinius, der nach Appian in jenen Tagen eine so hervorragende Rolle spielte, wird mit keinem einzigen Worte von Plutarch gedacht: seine Historien, denen sicherlich Appian folgte, können hier von Plutarch nicht benutzt sein. Die Stärke der nunmehrigen Streitkräfte des Antonius giebt Plut. (Ant. 18) auf 23 Legionen und 10000 Reiter an: daß von denselben 6 Legionen unter Varius Cotylo in Gallien zurückblieben, erzählt nur Plutarch (Ant. 18), Appian erwähnt es nicht. Nach Appian kann Antonius damals, abgesehen von größeren Reitermassen (III, 84) und den Neugeworbenen und seiner Leibwache (III, 46), nur 19 Legionen unter seinen Fahnen vereint haben: mit 4 Legionen, den Neugeworbenen und der Leibwache rückte er gegen Decimus Brutus vor (III, 46). 3 führte ihm Ventidius zu (III, 84), 7 erhielt er von Lepidus (III, 84), 2 von Asinius Pollio und 3 von Munatius Plancus (III, 97).

Schon oben habe ich darauf hingewiesen, daß nach plutarchischer Darstellung der kluge Octavian sich die Thätigkeit Ciceros zur Durchführung seiner Pläne nutzbar zu machen weiß. Es heißt nun bei Plutarch über das Verhältnis zwischen Cicero und Octavian weiter: „Nach der Verdrängung des Antonius aus Italien wurde Octavian selbst gefährlich, da er große Streitkräfte unterhielt, deren der Staat nicht mehr bedurfte Brut. 27; hier wird ausdrücklich hervorgehoben, daß Octavians Bewerbung um das Konsulat ungesetzlich war; der Senat suchte ihm seine Armee durch Geschenke zu entwinden; Octavian aber schickte heimlich Boten an Cicero und ließ ihn bitten und überreden, ihnen beiden (d. h. Octavian und Cicero) das Konsulat zu verschaffen; er (Octavian) werde während seines Amtsjahres seinem Kollegen in allen Stücken freie Hand lassen: später gestand Octavian selbst, er habe klüglich die Herrschsucht Ciceros für seine Zwecke ausgenutzt. Nachdem Cicero seine Wahl zum Konsul unterstützt und ihm die Zuneigung des Senates gewonnen hatte, ließ er ihn (der die Freiheit wieder herzustellen suchte; Ant. 19) im Stiche und söhnte sich mit Antonius und Lepidus aus" Cic. 45 und 46. Auch App. III, 82 berichtet, Octavian habe Cicero auffordern lassen, sich mit ihm zugleich um das Konsulat zu bewerben; Appian fügt dann noch hinzu, Octavian habe dem Cicero sagen lassen, er werde ihm während des Amtsjahres die Führung der Staatsgeschäfte überlassen, ihm selber komme es nur an auf eine passende Gelegenheit zur Niederlegung der Waffen. Man sieht, die Übereinstimmung zwischen unseren beiden Autoren ist eine recht geringfügige; ein wörtlicher Anklang liegt überhaupt nicht vor. Ich glaube deshalb auch nicht, daß man auf die Benutzung einer gleichen Quelle schließen darf, besonders da im übrigen Appian weit ungünstiger über Cicero und den Senat urteilt als Plutarch: III, 74 heißt es, auf Veranlassung Ciceros wurde im Senate beschlossen, das Heer der Konsuln Hirtius und Pansa solle dem Dec. Brutus übergeben werden, und jedem Soldaten der von Antonius abgefallenen Legionen seien 5000 Drachmen auszuzahlen. Octavian und seine Veteranen wurden in den Beschlüssen gar nicht erwähnt; III, 80: Octavian wurde vom Senat mit der Bitte um einen Triumph verächtlich abgewiesen; III, 82:

als Cicero im Senat für die Erwählung des Octavian zum Konsul sprach, wurde er ausgelacht; III, 85—94: nachdem der Senat den Octavian wiederholt beleidigt hatte, führte dieser endlich sein Heer gegen die Stadt, wo er nach mehrfachen Schwankungen und Intriguen des Senates — Cicero benahm sich während dieser ganzen Zeit auf das lächerlichste und feigste — endlich zum Konsul erwählt wurde. Das Konsulat erhielt Octavian nach Plut. (Brut. 27) im 20. Lebensjahre. Diese Altersangabe, für die Plutarch sich auf die Memoiren des Octavian beruft, fehlt bei Appian; ebenso fehlt bei ihm trotz seiner mehrfach erwähnten Ausführlichkeit, daß es L. Cornificius und M. Agrippa waren, die Octavian als Ankläger gegen M. Brutus und Cassius aufstellte, wie Plut. Brut. 27 meldet. „Bei der nunmehr folgenden Gerichtsverhandlung", so erzählt App. (III, 95) weiter, „war Octavian persönlich zur Stelle, keiner der Richter stimmte deshalb für Lossprechung außer einem einzigen (nach App. IV, 27 war es Icilius; er hatte öffentlich abgestimmt, die übrigen Richter heimlich)." Bei Plut. Brut. 27 heißt es: „Die Richter wurden gezwungen, ihre Stimmen abzugeben; als der Herold den Brutus aufforderte zu erscheinen, klagte das Volk vernehmlich, die Vornehmen blickten schweigend zur Erde, den P. Silicius sah man weinen." Daran knüpft Plutarch die Bemerkung: λέγεται . . Πόπλιον Σιλίκιον διὰ τὴν αἰτίαν ταύτην ὀλίγον ὕστερον ἕνα τῶν προγραφέντων ἐπὶ θανάτῳ γενέσθαι. Ganz dasselbe berichten App. (III, 95: ὃς τότε μὲν οὐδ᾽ αὐτός τι ἔπαθε, μικρὸν δ᾽ ὕστερον ἐπὶ θανάτῳ μετὰ τῶν ἄλλων καὶ ὅδε προγράφῃ,) und in Kürze auch Dio (46, 49: Σιλίκιος Κορωνᾶς ὕστερον δὲ ἐκ προγραφῆς ἐθανατώθη. Dio weicht im übrigen in der Erzählung von dem gerichtlichen Verfahren gegen die Mörder Cäsars sowohl von Appian als auch von Plutarch ab). Man kann schwankend sein, ob man diese Stelle auf einen gemeinsamen Ursprung zurückführen muß oder nicht; dafür spricht, daß die drei Berichte des wörtlichen Anklanges untereinander nicht ganz entbehren, dagegen, daß derartige kurze Übereinstimmungen leicht vorkommen können, wenn mehrere Geschichtschreiber dieselbe Epoche behandeln. Will man aber einen gemeinsamen Ursprung der Stelle annehmen, so wird man denselben auf Livius zurückführen müssen, und zwar aus den Gründen, die ich oben S. 11 entwickelt habe.

Als Ort der Zusammenkunft des Antonius, Lepidus und

Octavian zur Abschließung des Triumvirats nennt App. IV, 2 eine kleine und flache Insel im Flusse Lavinius nahe bei der Stadt Mutina, Plutarch (Cic. 46) eine Insel in der Nähe von Bononia. Die Dauer der Verhandlungen giebt App. IV, 2 auf zwei, Plut. Cic. 46 und Ant. 19 auf drei Tage an. Alsdann heißt es Ant. 19 weiter: „Wegen der übrigen Punkte ward leicht eine Einigung erzielt, dagegen bereitete ihnen der Streit wegen der Männer, die sterben sollten, sehr viele Schwierigkeiten, indem ein jeder seine Feinde beseitigen und seine Verwandten retten wollte. Schließlich aber trugen doch die Erbitterung und der Haß gegen ihre Feinde den Sieg davon über die Achtung vor ihren Verwandten und über das Wohlwollen gegen ihre Freunde, und so opferte Octavian dem Antonius den Cicero, Antonius dem Octavian seinen Oheim mütterlicherseits L. Cäsar, und dem Lepidus wurde sein Bruder Paulus preisgegeben; einige aber erzählen, daß Lepidus seinen Bruder jenen geopfert habe, da sie seinen Tod forderten." Eine Ergänzung erfährt dieser Bericht durch Cic. 46, wo Plut. meldet: „Die größte Meinungsverschiedenheit rief zwischen ihnen die Proskription Ciceros hervor, indem Antonius auf keinen Vergleich eingehen wollte, wenn dieser Mann nicht zuerst sterben müßte, wobei Lepidus dem Antonius beistimmte, Octavian aber beiden widersprach. — An den ersten beiden Tagen soll Octavian sich für Cicero verwandt haben, am dritten aber gab er nach und opferte ihn. Die gegenseitigen Zugeständnisse waren folgende: Cäsar gab den Cicero preis, Lepidus seinen Bruder Paulus und Antonius seinen Oheim mütterlicherseits L. Cäsar." Eine Andeutung über diesen Verlauf der Verhandlungen vermissen wir bei Appian gänzlich, er erzählt (IV, 12) schlichtweg: „Der erste unter den Ächtenden war Lepidus und der erste unter den Geächteten Paulus, der Bruder des Lepidus, der zweite der Ächtenden war Antonius und der zweite unter den Geächteten Lucius, der Bruder des Antonius, beide, weil sie zuerst dafür gestimmt hatten, jene — den Lepidus und Antonius — für Feinde des Vaterlandes zu erklären." Die Zahl der Proskribierten giebt Plut. Brut. 27 auf 200 und Cic. 46 auf mehr als 200 und Ant. 20 auf 300 an; nach App. IV, 5 wurden ungefähr 300 Senatoren und 2000 Ritter geächtet s. auch IV, 7). Wenn bei unseren beiden Autoren hier die Zahl 300 wiederkehrt, so glaube ich deshalb nicht, daß sie derselben Quelle

gefolgt sind; im übrigen widersprechen sie einander zu oft.
Über den scheinbaren Widerspruch zwischen den einzelnen Viten
des Plutarch s. unten S. 75. Daß die Soldaten forderten, wie
Plut. Ant. 20 meldet, Octavian solle sich zur Befestigung des
Bundes mit Clodia, der Tochter der Fulvia, der Gemahlin des
Antonius, vermählen, erzählt Appian auffallenderweise nicht.

Über die Fluchtversuche Ciceros und über seinen Tod berichtet Plutarch ausführlich Cic. 47 und 48, er weicht aber in seiner Darstellung gänzlich ab von der Appians IV, 19 und 20: ich hebe nur hervor, daß nach Plutarch Cicero von Herennius ermordet wird, nach Appian von Länas. Ebenso widersprechen unsere beiden Autoren sich in ihren Berichten über die Errettung des L. Cäsar durch die Mutter des Antonius: nach Plut. Ant. 20 stellte sich die Mutter des Antonius den Mördern an der Thür ihres Hauses, in das sie ihren Bruder aufgenommen hatte, entgegen und wehrte ihnen den Eintritt, nach App. (IV, 37) eilte sie auf den Markt zu ihrem Sohn, wo sie diesen durch ihr energisches Auftreten zu veranlassen wußte, daß er auf die Rettung des L. Cäsar hinwirkte. H. Peter (a. a. O. S. 134 Anm.) behauptet, Appian und Plutarch haben ihre Angaben über den Tod des Qu. Cicero (Plut. Cic. 47 und App. IV, 20) und über das Konsulat des Sohnes des M. Cicero (Plut. Cic. 49 und App. IV, 51) derselben Quelle entnommen, ich habe mich von der Richtigkeit seiner Ansicht nicht überzeugen können, die betr. vier Stellen gebe ich hier im Auszuge wieder. Plut. Cic. 47:
„Quintus wurde nach wenigen Tagen von seinen Sklaven an die Häscher ausgeliefert und samt seinem Sohne getötet." App. IV, 20:
„Qu. Cicero, der zugleich mit seinem Sohne ergriffen war, bat die Mörder, ihn vor seinem Sohne zu töten; als der Sohn um das Gegenteil flehte, sagten die Mörder, sie würden beiden willfahren, und machten beide zugleich nieder." Plut. Cic. 49:
„Gleich nach der Besiegung des Antonius nahm Octavian den Sohn des Cicero zum Mitkonsul an; unter diesem wurden auf Senatsbeschluß die Bildsäulen des Antonius niedergerissen und seine sämtlichen Ehren für ungiltig erklärt; außerdem durfte niemand aus der Familie des Antonius den Namen Marcus führen." App. IV, 51: „Der junge Cicero las als Konsul die von Cäsar übersandte Botschaft von der Niederlage des Antonius

dem Volke vor von der Bühne aus, auf der früher seines Vaters Kopf gesteckt hatte."

Die Hauptschuld an den Proskriptionen wird von Plut. (Ant. 21) dem Antonius aufgebürdet; die hier von Plutarch angestellten Betrachtungen vermissen wir bei Appian, der sich ja überall als dem Antonius günstig gesinnt erweist. Gleichfalls fehlt bei Appian der Vorwurf, der bei Plut. (Ant. 21 deswegen gegen den Antonius erhoben wird, weil er in dem früheren Hause des sittenreinen Pompejus Magnus Wohnung genommen und dasselbe durch seinen schwelgerischen und ausschweifenden Lebenswandel entweiht hatte. Ferner erzählt Plut. (Ant. 21), daß die Triumvirn sich sogar des Geldes bemächtigten, das Bürger und Fremde bei den Vestalischen Jungfrauen hinterlegt hatten, und daß Octavian, als Antonius sich als unersättlich erwies, die Hälfte der von seinem Nebenbuhler zusammengebrachten Summen für sich in Anspruch nahm: Appian, der über die Proskriptionen und die sich an dieselben anschließenden Begebenheiten in großer Ausführlichkeit berichtet, meldet hierüber nichts.

Hier schließen unsere beiden Autoren ihre Erzählungen über die Vorgänge in Rom und im Westen; bevor ich zu einer Vergleichung ihrer Berichte über die Ereignisse im Osten übergehe, möchte ich kurz das von mir gewonnene Resultat, soweit es den Quellenzusammenhang betrifft, konstatieren. Wir haben gesehen, daß Plutarch in seiner Darstellung weit dürftiger ist als Appian, nichtsdestoweniger bringt er zahlreiche Einzelheiten, die wir bei jenem vermissen und die zum Teil den Briefen des Brutus und den Memoiren des Augustus entlehnt waren; besonders aber waren die Widersprüche hervorzuheben, die uns auf Schritt und Tritt entgegentraten, Widersprüche oft schärfster Art, mithin müssen unsere beiden Geschichtschreiber verschiedenen Quellen gefolgt sein. Die Benutzung derselben Quelle ließ sich mit einiger Sicherheit nur an einer Stelle konstatieren, wahrscheinlich lag Livius hier zu Grunde. Einige wenige andere Übereinstimmungen waren derartig geringfügig und belanglos, daß sich aus ihnen auf die Benutzung derselben Quelle nicht schließen ließ. Von jetzt ab wird sich das Verhältnis zwischen unseren beiden Autoren anders gestalten. Die Vorbereitungen, welche M. Brutus für den Entscheidungskampf traf, und den philippensischen Krieg hat Plutarch uns ausführlich überliefert. Meistens

steht Appian zu ihm in grellem Widerspruch, und zwar in der
Darstellung der kriegerischen Ereignisse, doch in allerlei anek-
dotischem Beiwerk, in Zahlenangaben, Prodigien u. s. w. zeigen
unsere beiden Autoren vielfach eine genaue Übereinstimmung.
Auffallend ist, daß die gesamte Periode in der Vita des Antonius
nur ein Kapitel umfaßt; beinahe alles, was in demselben (Kap. 22)
steht, findet man auch in der Vita des Brutus wieder. Offenbar
hatte Plutarch, als er die Biographie des Brutus abfaßte, die ihm
zu Gebote stehenden Quellen bereits derartig gründlich ausgeschrieben, daß er im Antonius wesentlich Neues nicht mehr vor-
zubringen wußte. Nach diesen kurzen Zwischenbemerkungen
nehme ich die Vergleichung wieder auf Plutarch, der ja Biographieen des Brutus und Antonius, nicht etwa die Gesamtgeschichte
unserer Epoche schrieb, übergeht die Kämpfe des Cassius in
Syrien gänzlich, die auf Rhodos streift er nur flüchtig; ich gehe
auf diese Kämpfe nur insoweit ein, als Plutarch sie berührt.

„Als Brutus und Cassius", so erzählt Appian, „die Hoffnungen,
welche sie auf die apollinarischen Spiele gesetzt hatten, vereitelt
sahen (III, 24), sammelten sie Geld und Truppen (III, 26).
Brutus besaß bereits ein Heer, ferner 16 000 Talente — diese
Geldsumme sowie ein kleines Heer hatte Apulejus, der in Asien
Steuern erhoben hatte, dem Brutus überliefert — dann zahlreiche Kriegs- und Lastschiffe und Waffenvorräte, die er zu
Demetrias, wo sie C. Cäsar hatte ansammeln lassen, vorgefunden
hatte; da ward ihm durch Senatsbeschluß die Provinz Macedonien
nebst Illyrien und dem Cassius Syrien wieder zugesprochen;
ferner erhielten die sämtlichen Befehlshaber der Provinzen östlich
des ionischen Meeres vom Senat Befehl, den Weisungen des
Brutus und Cassius zu folgen (III, 63 und IV, 75)." Plutarch
meldet über diese Vorgänge (Brut. 23—25): „Als in Rom sich
die einen an Octavian, die anderen an Antonius anschlossen und
die Truppen sich dem zuwandten, der am meisten zahlte, da
beschloß Brutus in seiner Verzweiflung, Italien zu verlassen. Zu
Velia schiffte er sich nach Athen ein. Hier beschäftigte er sich
öffentlich viel mit Philosophie, im geheimen aber bereitete er
alles auf den Krieg vor; er setzte sich mit den Befehlshabern
der macedonischen Legionen in Verbindung und zog die zu Athen
studierende vornehme römische Jugend an sich; ein feingebildeter
und angesehener Römer (gemeint ist der bei App. III, 63 und

IV, 75 erwähnte Apulejus) übergab ihm Schiffe und Geldsummen, mit denen er von Asien her unterwegs war; von Antistius erhielt er Geld, das derselbe nach Italien bringen sollte (über das Gastmahl zu Karystos s. unten S. 48); aus Thessalien strömten ihm ehemalige Soldaten des Pompejus zu, Cinna übergab ihm 500 Reiter, die für Dolabella bestimmt waren, und in Demetrias bemächtigte er sich großer Waffenvorräte, die der ältere Cäsar dort für den parthischen Krieg hatte anhäufen lassen." Man sieht, die Berichte gehen auseinander, doch was App. III, 63 und IV, 75 über den Erfolg der Rüstungen des Brutus erzählt, stimmt zum Teil mit Plutarch überein (der Name des Apulejus wird bei Plutarch durch Zufall ausgefallen sein), ich glaube, hier liegt bei Appian dieselbe Quelle vor, die auch Plutarch benutzte, denn es fehlt auch nicht ganz an wörtlichen Anklängen App. III, 63: καὶ πολλὰ ὅπλα, ὅσα ἐν Δημητριάδι Γάϊῳ Καίσαρι ἐκ πολλοῦ γιγνόμενα ᾕρει. Plut. Brut. 25: ἐπιπλεύσας τε τῇ Δημητριάδι πολλῶν ὅπλων ἐξαγομένων πρὸς Ἀντώνιον, ἃ Καίσαρος τοῦ προτέρου κελεύσαντος ἐπὶ τὸν Παρθικὸν ἐποιήθη πόλεμον, ἐκράτησεν. App. IV, 75: ἐπειδὴ παρ' Ἀπολήϊου στρατιάν τέ τινα εἰλήφει, ὅσην Ἀπολήϊος εἶχε, καὶ χρήματα ἐς ἑξακισχίλια καὶ μύρια τάλαντα, ὅσα ἐκ τῶν φόρων τῆς Ἀσίας συνείλεκτο. Plut. Brut. 24: καὶ πυθόμενος πλοῖα Ῥωμαϊκὰ μεστὰ χρημάτων ἐξ Ἀσίας προσφέρεσθαι καὶ στρατηγὸν ἐπιπλεῖν ἄνδρα χαρίεντα καὶ γνώριμον, ἀπήντησεν αὐτῷ περὶ Κάρυστον· ἐντυχὼν δὲ καὶ πείσας καὶ παραλαβὼν τὰ πλοῖα.... Woher diese gemeinsame Notiz stammt, läßt sich ohne weiteres nicht feststellen; nach dem Verhältnis zwischen unseren beiden Autoren an späteren Stellen zu urteilen, schöpfte Appian hier wahrscheinlich aus der Quelle, die Plutarch seiner Darstellung im allgemeinen zu Grunde legte.

Von jetzt ab divergieren unsere beiden Autoren fürs erste sehr; um zu kennzeichnen, wo sie voneinander abweichen, und wo sie dann wieder übereinstimmen, lasse ich einen kurzen Auszug aus ihren Berichten folgen. Plutarch erzählt (Brut. 25 und 26, 28—31): „Als bereits die Provinz Macedonien dem Brutus von Hortensius übergeben war, traf Cajus, der Bruder des Antonius, von Italien her ein und suchte die Truppen des Vatinius an sich zu ziehen. Brutus suchte ihm zuvorzukommen; auf dem während eines Schneegestöbers unternommenen Marsche nach

Apollonia geriet er infolge Mangels an Lebensmitteln in eine
äußerst bedrängte Lage, aus der er nur durch die Freigebigkeit
der feindlichen Soldaten errettet wurde. Die Soldaten und die
Bürger zu Apollonia erklärten sich für den Brutus, deshalb
marschierte Antonius auf Buthroton. Unterwegs wurden ihm
von Brutus 3 Kohorten niedergehauen; dann erlitt er, als er die
vom Feinde besetzten Höhen von Byllis erstürmen wollte, durch
den jungen Cicero eine Niederlage, und schließlich ward sein
Heer eingeholt, als es sich gerade weithin über ein sumpfiges
Gelände zerstreut hatte. Brutus ließ jedoch die feindlichen
Soldaten nicht angreifen, so daß sie zu ihm übergingen; auch
den Antonius bekam er in seine Gewalt. Anfangs ward dieser
mit Auszeichnung behandelt, ja selbst dann schonte man noch
seines Lebens, als er Offiziere und Soldaten heimlich aufzuwiegeln
suchte; wie aber die Nachricht von den Proskriptionen nach
Macedonien kam, ward er auf Befehl des Brutus zur Rache für
Dec. Brutus und den älteren Cicero hingerichtet. Hierauf wandte
Brutus sich nach Kleinasien. Bei Kyzikos ließ er eine Flotte
bauen und veranlaßte den Cassius, von dem beabsichtigten Zuge
nach Ägypten abzustehen und mit ihm zu einer Besprechung in
Smyrna zusammenzukommen (über die Charakteristik des Brutus
und Cassius durch Plut. Brut. 29 s. unten S. 66). In Smyrna
machte Brutus Anspruch auf einen Teil des von Cassius aufgebrachten Geldes, da er das seinige auf den Bau der Flotte
habe verwenden müssen; trotz der Abmahnungen seiner Freunde
gab Cassius ihm den dritten Teil von allem. Nun zog Cassius
gegen Rhodos und Brutus gegen Lykien zu Felde. Nachdem
Brutus den Lykiern eine Niederlage beigebracht und mehrere
ihrer Städte erobert hatte, schickte er ihnen die Gefangenen
zurück in der Hoffnung, er werde sie durch Güte gewinnen.
Allein sie beharrten bei ihrem Widerstande und wurden nun von
Brutus in Xanthos eingeschlossen. Bei einem nächtlichen Über-
fall gelang es ihnen, die Belagerungsmaschinen der Römer in
Brand zu stecken. Ein scharfer Wind trieb die Flammen gegen
die Mauern, so daß auch die Häuser der Stadt Feuer fingen;
da Brutus für die Stadt fürchtete, so befahl er seinen Soldaten
zu löschen, diese aber wurden von den Xanthiern mit Geschossen
zurückgetrieben, und bald war die Stadt ein Feuermeer. Jetzt
ergriff eine wahre Raserei die Xanthier; freiwillig suchten sie

den Tod, indem sie trotz der abmahnenden Worte des Brutus sich mit Weibern und Kindern von der Mauer oder in die Flammen stürzten. Brutus hatte seinen Soldaten Belohnungen versprochen für jeden Xanthier, den sie retten würden: doch wurden nur 150 Bürger wider ihren Willen dem Leben erhalten. Bereits zu der Zeit der Perserkriege hatten die Vorfahren der Xanthier bei ähnlicher Veranlassung ihre Stadt niedergebrannt und sich selbst getötet."

Diese Vorgänge stellt App. (III, 79 und IV. 65, 75—80 folgendermaßen dar: „In Illyrien übernahm Brutus von dem früheren dortigen Befehlshaber Vatinius 3 Legionen, Macedonien mußte er mit Waffengewalt dem C. Antonius, dem Bruder des M. Antonius, entreißen. Nachdem C. Antonius eine Niederlage erlitten hatte, legte er dem Brutus einen Hinterhalt, dem dieser entging. Dann gelang es dem Brutus, zweimal dem Antonius den Rückzug abzuschneiden, das letzte Mal, indem er sich in einem steil abfallenden Gelände festsetzte. Er vernichtete jedoch den Feind nicht, sondern ließ die Soldaten seines Gegners durch die seinigen begrüßen, so daß jene zu ihm übergingen. Auch Antonius ergab sich ihm; anfangs wurde derselbe ehrenvoll behandelt, dann aber hingerichtet, da er die Soldaten aufzuwiegeln versucht hatte. Als nun Brutus und Cassius zu einer Unterredung zusammenkamen, äußerte Brutus die Ansicht, sie müßten sofort gegen die Triumvirn zu Felde ziehen. Cassius aber überzeugte ihn, daß es für sie durchaus notwendig sei, die Kraft der Rhodier und Lykier, der Bundesgenossen der Triumvirn, zu brechen, bevor der Entscheidungskampf beginne. So zog denn Brutus gegen Lykien und Cassius gegen Rhodos. Zunächst griff Brutus Xanthos, die Hauptstadt der Lykier, an. Die Xanthier hatten ihre Vorstädte niedergerissen, damit sie dem Brutus nicht zur Unterkunft und zur Herstellung von Kriegsgerätschaften dienen könnten, und ihre Stadt noch mit einem tiefen Graben umgeben. In erstaunlich kurzer Zeit gelang es aber den Römern, Belagerungsmaschinen anzufertigen, und die Stadt wurde nun auf das härteste bedrängt. Bei einem Ausfalle wurde ein Teil der Xanthier abgeschnitten und niedergemacht; deshalb ließ man bei einem zweiten Ausfalle, bei dem die Belagerungsmaschinen angezündet wurden, das Thor auf, da aber die Xanthier zurückgeschlagen wurden, so gelang es den Römern, mit ihnen zugleich in die Stadt einzudringen.

Schon waren 2000 Römer in der Stadt, da fiel plötzlich das Thor herab, und die Römer waren abgeschnitten; unter vieler Mühe schlugen sie sich bis zum Tempel des Sarpedon und dem Markte durch. Unterdes war es einzelnen von den draußen Gebliebenen gelungen, im Verein mit Einwohnern Önandas, einer mit Xanthos verfeindeten Nachbarstadt, einen Felsen zu erklimmen und so in die Stadt einzudringen. Von innen her wurden jetzt die Thore geöffnet, und das römische Heer ergoß sich in die Stadt. Als die Xanthier ihre Vaterstadt verloren sahen, töteten sie ihre liebsten Familienmitglieder, zündeten ihre Häuser an und verbrannten mit denselben die Leichen und sich selbst, obwohl Brutus durch Herolde zum Frieden auffordern ließ. So bekam Brutus nur die Sklaven und von den Freigeborenen nur wenige Frauen und gegen 150 Männer in seine Gewalt. Es war dies das dritte Mal, daß die Xanthier aus Freiheitsliebe sich und ihre Stadt dem Verderben preisgaben; denn bereits im Kampfe mit Harpagus, dem Feldherrn des Kyros, und im Kriege mit Alexander, dem Sohn des Philippus, war ihnen ihre Vaterstadt zum Grabhügel geworden."

So weit unsere beiden Geschichtschreiber. Sie folgen in dieser Episode verschiedenen Quellen, nur am Schlusse, wo sie die Angabe machen über die Zahl der geretteten Xanthier und über die Zerstörung von Xanthos zur Zeit der Perserkriege, vereinigen sie sich plötzlich auf denselben Gewährsmann (die Notiz über die dritte Zerstörung der Stadt, die mit einem $\varphi\alpha\sigma\iota\nu$ eingeleitet wird, scheint mir Appian aus dem Gedächtnis nachgetragen zu haben), wer derselbe aber war, ist ohne weiteres nicht festzustellen, ebenso ist ohne weiteres nicht ersichtlich, ob Plutarch hier übergreift auf die Quelle, die Appian sonst benutzte, oder ob Appian diese Stelle nachgetragen hat aus der Quelle des Plutarch; letzteres ist, wie aus späteren Übereinstimmungen sich ergeben wird, das Wahrscheinlichere. Im Folgenden divergieren unsere beiden Autoren wieder. Plutarch erzählt (Brut. 32—37): „Die Stadt Patara griff Brutus nicht an, da er ihre Bewohner nicht zur Verzweiflung treiben wollte. Er schickte vielmehr gefangene Frauen, die er von ihnen in Händen hatte, zu ihnen, und da diese ihn als einen durchaus ehrenhaften und geachteten Mann priesen, so ergaben sich ihm die Patarer freiwillig, weswegen sie eine über Erwarten nachsichtige und

freundliche Behandlung erfuhren. Überhaupt war Brutus gegen
die Lykier durchaus milde, da er ihnen nur eine Buße von
150 Talenten auferlegte. Ganz anders verfuhr Cassius gegen
die Rhodier; denn er zwang dieselben nicht nur, alles Gold und
Silber abzuliefern, wodurch 8000 Talente zusammenkamen, sondern
er legte der Stadt als solcher noch eine Strafsumme von 500
Talenten auf. Die Hinrichtung des Theodot übergehe ich, da
Appian sie bereits II, 91 erwähnt.) Nach der Unterwerfung der
Rhodier und Lykier lud Brutus den Cassius zu einer Unterredung
nach Sardes ein. Sogleich bei ihrem ersten Zusammentreffen
zogen sie sich für sich allein in ein Zelt zurück, da es galt,
mannigfache Verdächtigungen und Mißverständnisse, die von den
beiderseitigen Freunden und Unterbefehlshabern aufgebracht
waren, zu zerstreuen. Als sie allein waren, überhäuften sie sich
gegenseitig mit den härtesten, den draußen Stehenden deutlich
vernehmbaren Anklagen; erst durch die Dazwischenkunft des
M. Favonius ward dem Streit ein Ende gemacht und eine Versöhnung herbeigeführt. In Sardes wurde der gewesene Prätor
Pella wegen Unterschlagung von Staatsgeldern auf die Anklage
der Sardianer hin von Brutus öffentlich verurteilt, während Cassius
zwei seiner Freunde wegen desselben Vergehens im geheimen
allerdings tadelte, öffentlich aber für schuldlos erklärte über die
Traumerscheinung, die Brutus zu Sardes hatte, s. unten S. 48.
Bei der Überfahrt nach Europa ließen sich zwei Adler auf die
ersten Fahnen nieder; sie wurden von den Soldaten gefüttert
und begleiteten das Heer bis Philippi; erst am Tage vor der
Schlacht flogen sie davon."

Anders schildert App. (IV, 81—82 und 87— 101 diese Vorgänge: „Von Xanthos aus zog Brutus gegen Patara. Er schloß
die Stadt ein und schickte zu den Patarern gefangene Xanthier,
die ihnen ihr Schicksal erzählen und sie ermahnen mußten, besser
für sich zu sorgen. Am nächsten Morgen öffneten die Patarer
die Thore ihrer Stadt und Brutus hielt seinen Einzug. Zwar
verurteilte er niemanden, weder zur Verbannung, noch zum Tode,
doch mußte alles Gold und Silber, welches der Stadt gehörte,
ausgeliefert werden; außerdem verfügte Brutus unter Strafandrohung und Festsetzung von Angeberlohn, daß jeder einzelne
seine Wertsachen abliefere — gerade so hatte auch Cassius zu
Rhodos geschaltet. Unterdes hatte sich die Stadt Myra dem

Lentulus ergeben; auch hier wurde Geld erhoben, worauf Brutus Flotte und Landheer nach Abydos führte, dem Punkte, wo er mit Cassius zusammentreffen wollte, um dann mit diesem zugleich nach Sestos überzusetzen. Am Melasbusen musterten die beiden Feldherren bald nach ihrem Eintreffen auf europäischem Boden ihre Heere: sie verfügten über 80000 Mann Fußtruppen und 20000 Reiter (s. die Note unter dem Texte von Kap. 88 in der Ausgabe Mendelssohn's). Durch Rede und Geldverteilung suchten sie die Truppen an sich zu ketten. Dann trat das Heer den Marsch nach Doriskos an. Dort ließen sich zwei Adler auf zwei aus Silber gefertigte Fahnenadler nieder und schlugen sie mit ihren Schnäbeln, oder sie bedeckten sie mit ihren Körpern, wie andere erzählen. Auf Befehl der Feldherren wurden sie gefüttert; sie blieben auch bei dem Heere bis zum letzten Tage vor der Schlacht, wo sie davonflogen."

Ob Appian die Stelle Kap. 101 (die beiden Adler betreffend, ἢ, ὥς τισέροις δοκεῖ bis ἀπέπτησαν aus der Quelle Plutarchs nachgetragen hat, oder ob er diese zweite Version einer anderen Quelle entlehnte, mag dahingestellt bleiben, eine volle Übereinstimmung mit Plutarch ist überhaupt nicht vorhanden. Im übrigen folgt er zweifellos anderen Gewährsmännern. Besonders ist hervorzuheben, daß er über das Verhalten des Cassius und Brutus gegen die Rhodier und Lykier durchaus anders berichtet wie Plutarch. Ich werde an der Hand unserer beiden Gewährsmänner den Faden der Erzählung weiter führen, bis wir wieder auf eine kongruente Stelle stoßen. Hören wir zunächst den Bericht Plutarchs (Brut. 38—41 und Ant. 22): „Brutus und Cassius führten ihr Heer an der Küste entlang bis zu der Stelle, die der Insel Thasos gegenüberliegt. Dort stand Norbanus in den sogenannten Stenoi und um das Symbolon. Durch eine Umgehung nötigten sie ihn abzuziehen; fast hätten sie ihn gefangen genommen, wenn nicht Antonius zu seiner Hilfe herbeigeeilt wäre. Nach 10 Tagen traf auch Octavian, den bis dahin Krankheit zurückgehalten hatte, ein und bezog auf den sogenannten Gefilden von Philippi dem Brutus gegenüber ein Lager, Antonius dagegen lagerte dem Cassius gegenüber. An Zahl stand das Heer des Brutus dem des Octavian nicht wenig nach, an Schmuck und Glanz der Waffen aber übertraf es dasselbe um ein bedeutendes. Octavian veranstaltete die Sühnung des Heeres innerhalb des Lagers, Brutus und Cassius aber, wie es Sitte war, auf freiem Felde. Ihr Heer übertraf das der Gegner an Bereitwilligkeit, weil es bei der Sühnung weit mehr an Geld und Lebensmitteln empfangen hatte als jenes. Infolge ungünstiger Vorzeichen wollte Cassius die Entscheidungsschlacht möglichst weit hinausschieben, zumal es ihm und Brutus nicht an Geld mangelte, während sie an Zahl der Truppen hinter den Gegnern zurückblieben. Brutus dagegen wollte möglichst bald schlagen, um das römische Reich von der ungeheuren Kriegslast zu befreien; außerdem war seine Reiterei in kleinen Scharmützeln bisher glücklich gewesen, und unter seinen Truppen hatte sich die Neigung zur Desertion gezeigt. Viele Freunde des Cassius pflichteten seiner Anschauung bei, und so ward der Tag zur Schlacht festgesetzt. Den Abend vorher verbrachte Brutus unter philosophischen Betrachtungen, Cassius in Gesellschaft des Messala, dem gegenüber er aus seinem Unwillen, wider seine bessere Meinung das Schicksal des Vaterlandes auf den Ausgang einer einzigen Schlacht setzen zu müssen, kein Hehl machte. Am Morgen des Schlachttages trafen die Feldherren zwischen den Lagern zur Beratung zusammen. Sie kamen überein, im Falle eines unglücklichen Ausganges des Kampfes den freiwilligen Tod der Gefangennahme vorzuziehen. Dem Cassius gebührte als dem älteren die Führung des rechten Flügels; dieselbe erhielt jedoch auf eigenen Wunsch Brutus; Messala mußte mit der kampfgeübtesten der Legionen auf dem rechten Flügel Stellung nehmen. Unterdes ließ gerade Antonius seine Soldaten Gräben von den Sümpfen, an denen sie lagerten, nach der Ebene ziehen, um nach Trockenlegung der Sümpfe die Feinde von der Straße nach dem Meere abzuschneiden. Octavians Soldaten, die ebenfalls unter Waffen standen — Octavian selbst war krank — glaubten, die Feinde beabsichtigten nicht eine Hauptschlacht, sondern nur ein Geplänkel gegen die Erdwerke und eine Belästigung der Grabenden. Während unterdes Brutus die Losung ausgeben ließ und seinen Soldaten durch eine Ansprache Mut einzuflößen suchte, stürzten sich dieselben ohne Ordnung und mit Geschrei auf den Feind. Messala umging den linken Flügel des Octavian und erstürmte das feindliche Lager von der linken Flanke her. Octavian hatte sich aus demselben fortschaffen lassen, veranlaßt durch ein Traumgesicht seines Freundes M. Artorius, wie er selbst in seinen Denkwürdigkeiten erzählt."

Wenden wir uns jetzt zu Appian; er berichtet IV, 101—110: „Brutus und Cassius umgingen auf einem zweitägigen Marsche den Melasbusen und kamen über Ainos und Doriskos an das Vorgebirge Serreion. Da dasselbe hart an das Meer herantrat, so wandten sie sich mit dem Heere landeinwärts, den Tillius Cimber schickten sie mit der Flotte die Küste entlang. Als Norbanus, der von Octavian und Antonius mit einer Heeresabteilung nach Macedonien vorausgeschickt war und die Engpässe der Sapäer besetzt hielt, die feindliche Flotte bemerkte, rief er seinen Mitfeldherrn Decidius, der den Engpaß der Carpiler bewachte, herbei; so ward letztere Straße für Brutus und Cassius frei, und den Engpaß der Sapäer umgingen sie, indem sie auf Veranlassung des Thrakerfürsten Rhascupolis einen Weg durch Gebirgswälder bahnten, der sie in das Thal des Harpessus und weiterhin in die Ebene von Philippi führte. Ihr Umgehungsmarsch war aber von Rhascus, dem Bruder des Rhascupolis, der es mit den Triumvirn hielt, bemerkt worden; durch ihn gewarnt, räumte Norbanus noch rechtzeitig seine Stellung und zog sich nach Amphipolis zurück. In der Ebene von Philippi fanden Brutus und Cassius ein für sie äußerst günstiges Gelände. Sie schlugen nämlich ihr Lager auf zwei Hügeln auf, die voneinander acht Stadien entfernt waren, und zwar Brutus auf dem nördlichen und Cassius auf dem südlichen. Südlich von dem Lager des Cassius dehnten sich bis an das Meer und den Strymon weite Sümpfe aus, nördlich von dem des Brutus erstreckten sich unwegsame Gebirgswälder. Den Zwischenraum zwischen den Lagern, durch den wie durch ein Thor der Weg von Europa nach Asien führte, befestigten die Feldherren durch eine Mauer; ihre Vorräte brachten sie im Rücken ihrer Stellung auf Thasos unter. Antonius war dem Norbanus zu Hilfe geeilt und hatte in der Ebene, acht Stadien vom Feinde entfernt, ein Lager bezogen. Da Cassius die Kühnheit des Antonius kannte, so zog er noch von seinem Lager bis an die Sümpfe eine Mauer; auf diese Weise war der Zugang zur Straße nach dem Meer gänzlich abgesperrt. Auch Octavian, der anfangs durch Krankheit zurückgehalten war, war eingetroffen. Er stellte sein Heer sofort in Schlachtordnung auf; dasselbe thaten Brutus und Cassius, ohne jedoch von ihren Höhen herunterzukommen. Auf beiden Seiten standen an Fußtruppen 19 Legionen unter den Waffen, die jedoch bei Brutus und Cassius nicht vollzählig, bei den Triumvirn aber mehr als vollzählig waren; an Reiterei besaßen Brutus und Cassius 20 000, die Triumvirn 13 000 Mann. Brutus und Cassius suchten eine Schlacht zu vermeiden in der Hoffnung, die Feinde würden durch Mangel an Lebensmitteln aufgerieben werden; dieselben waren nämlich für ihre Zufuhr allein auf Macedonien und Thessalien angewiesen, denn in Ägypten herrschte Hungersnot, und von Sicilien wurden sie durch Pompejus und von Italien durch Domitius und Murcus, welche Cassius mit einer Flotte im Ionischen Meer postiert hatte, abgeschnitten. Antonius aber suchte seine Gegner zur Schlacht zu zwingen. Ohne daß es von denselben bemerkt wurde, zog er der Länge nach durch die oben erwähnten Sümpfe einen Damm, um auf diese Weise an die Straße nach dem Meere zu gelangen. Schon hatten seine Kolonnen innerhalb des Sumpfes feste Erdwerke aufgeworfen, da gewahrte Cassius das Unternehmen seines Gegners und begann nun seinerseits einen Damm quer durch den Sumpf aufzuwerfen, um den Kolonnen des Antonius den Rückzug abzuschneiden. In diesem Momente führte Antonius sein Heer zum Sturme auf die Stellung des Cassius heran. Die Soldaten des Brutus, die ebenfalls unter den Waffen standen, warfen sich auf die linke Flanke des Antonius und töteten viele seiner Leute, dann aber griffen sie das gegen sie aufgestellte Heer des Octavian an, schlugen es zurück und verfolgten es bis in das gemeinsame Lager des Antonius und Octavian. Letzterer hatte sich jedoch aus demselben entfernt, da er vor jenem Tage durch einen Traum gewarnt war, wie er selbst in seinen Denkwürdigkeiten erzählt hat."

Es bedarf keines weiteren Mittels als die obige Gegenüberstellung der Hauptfakta aus den Berichten unserer beiden Autoren, um zu beweisen, daß Appian und Plutarch auch in dieser Episode verschiedenen Gewährsmännern folgen, bis sie am Schlusse, wo sie von der Fortschaffung des Octavian aus dem Lager sprechen, und wo sie beide die Memoiren des Octavian citieren, aus derselben Quelle schöpfen: dieses Citat — Plutarch bringt es sowohl im Brutus wie im Antonius — kann nur einer gemeinsamen Quelle entlehnt sein. (Auch verschiedene andere Autoren haben dieses Vorzeichen erwähnt, so Dio 47, 16; Valer. Maximus I, 7, 1;

Vellej. Paterc. 2, 70, 1; Orosius 6, 18, 15, keiner aber beruft sich, wie Appian und Plutarch, auf die Memoiren des Octavian — ein neues Indicium, daß Appian und Plutarch hier aus derselben Quelle schöpfen.) BAILLEU a. a. O. S. 53) nimmt ohne weiteres an, daß diese Notiz den Historien des Asinius Pollio, die Appian ausschrieb, entstammt BAILLEU setzt nämlich, was mir recht gewagt erscheint, voraus, daß die Memoiren des Octavian stückweise ediert wurden, so daß Asinius noch einzelne Teile derselben für sein Geschichtswerk benutzen konnte. Ist diese Annahme richtig, so muß Plutarch, der ja im übrigen in dieser Episode zu Appian in Widerspruch steht, diese Stelle aus des Asinius Historien herausgehoben und seiner Darstellung eingefügt haben, die Historien des Asinius hätten also für ihn die Nebenquelle gebildet, während er im übrigen eine oder mehrere andere Hauptquellen seiner Darstellung zu Grunde legte. Ob auch das umgekehrte Verhältnis stattgefunden haben kann, daß nämlich Appian das Geschichtswerk des Asinius als Hauptquelle benutzte und aus einer Nebenquelle, und zwar derselben Quelle, aus der Plutarch seinen Bericht über die erste Schlacht bei Philippi schöpfte, die in Frage stehende Notiz nachtrug, erörtert BAILLEU überhaupt nicht. Und doch scheint mir hier dieser Quellenzusammenhang der wahrscheinlichere zu sein. Betrachten wir diese Stelle im Zusammenhange mit dem Vorhergehenden und Folgenden. (Im Antonius ist die Darstellung des Plutarch so gekürzt, daß sie unsere Untersuchung nicht fördern kann. Selbst einem flüchtigen Leser muß auffallen, daß Appian hier vorwiegend sein Interesse dem Cassius und Antonius zuwendet, nur nebenher wird des Brutus und Octavian Erwähnung gethan. Kap. 109 und die erste Hälfte von Kap. 110 beschäftigen sich ausschließlich mit Antonius und Cassius; die zweite Hälfte von Kap. 110 erzählt kurz den erfolgreichen Angriff des Brutus auf das Lager des Octavian, dann wird die Bemerkung über die Krankheit des letzteren angehängt, und Kap. 111 springt sofort wieder auf Antonius und Cassius über, mit denen sich die Kap. 111—113 wieder fast ausschließlich beschäftigen. Anders verhält sich die Sache bei Plutarch. Hier stehen durchaus Brutus und Octavian im Vordergrunde; Kap. 41 und 42 schildern ausführlich den Kampf zwischen beiden, mitten im Zusammenhange der Erzählung heißt es, Octavian habe sich seiner Krankheit halber aus dem Lager fortschaffen lassen — also nicht Plutarch, sondern Appian hat, wie mir scheint, diese kurze Bemerkung aus einer Quelle, der er im Vorhergehenden und im Folgenden nicht folgte, herausgehoben und seiner Darstellung eingefügt.

Ich nehme jetzt die Vergleichung wieder auf. Plutarch erzählt (Brut. 41—43): „Den Octavian hielt man für tot, da seine leere Sänfte von Wurfspießen durchbohrt war. Im Lager wurden die Gefangenen und 2000 Lacedämonier, die kürzlich als Bundesgenossen eingetroffen waren, niedergehauen. Diejenigen Truppen des Brutus, die nicht an der Umgehung teilgenommen hatten, schlugen die ihnen gegenüberstehenden Feinde zurück und drangen, den Brutus in ihrer Mitte, mit den Fliehenden zugleich in das Lager ein. Der zurückbleibende Heeresteil wurde unterdes von den Feinden heftig bedrängt; zwar konnten letztere das Centrum nicht zum Weichen bringen, aber den linken Flügel warfen sie zurück und verfolgten ihn bis ins Lager, das sie sofort zu plündern begannen. An diesen Kämpfen hatten sich weder Antonius, der sich gleich im Beginn der Schlacht nach den Sümpfen begeben hatte, noch der kranke Cäsar beteiligt. Auch das Centrum des Brutus und Cassius hatte mittlerweile die Feinde zurückgedrängt, und Brutus glaubte, sowohl er wie Cassius hätten gesiegt. Als er mit seinem Heere von dem geplünderten Lager des Octavian zurückkehrte und bemerkte, daß im Lager des Cassius die Zelte des Cassius umgestürzt seien und viele glänzende Helme und Schilde sich in demselben hin und her bewegten, stieg ihm der Verdacht auf, Cassius sei geschlagen. Schnell ordnete er deshalb sein Heer, um seinem Freunde zu Hilfe zu eilen. Cassius war vom rechten feindlichen Flügel umgangen worden. Bereits im Beginne der Schlacht wurde seine Reiterei geworfen, sie floh dem Meere zu; auch sein Fußvolk wankte, vergeblich suchte er es zum Stehen zu bringen. So zog er sich mit wenigen Begleitern auf eine Anhöhe zurück, von wo aus er sah, daß sein Lager geplündert wurde. Zugleich bemerkten seine Begleiter, daß eine Schar Reiter heransprengte; Brutus hatte dieselbe geschickt, in der Umgebung des Cassius aber hielt man die Reiter für Feinde, indes wurde Titinius auf Kundschaft ausgeschickt. Als dieser sich den Reitern näherte und sie ihn erkannten, sprangen sie von den Pferden, umringten ihn mit lautem Freudengeschrei und kehrten langsam mit ihm zu dem Gefolge des Cassius zurück. Cassius aber glaubte, Titinius sei von den Feinden gefangen genommen worden; kurz entschlossen begab er sich in ein leeres Zelt und ließ sich dort von seinem Freigelassenen Pindarus töten. Als Titinius bei seiner Rückkehr sah, welches Unheil er durch sein Zögern angerichtet hatte, gab auch er sich den Tod."

App. (IV, 111—113) berichtet: „Dem Antonius war es durch die Wucht seines Ansturmes gelungen, die Schlachtreihe des Cassius zu durchbrechen und die Mauer zwischen dem Lager des Cassius und dem Sumpfe zu nehmen, bevor die im Sumpfe arbeitenden Leute des Cassius herbeikommen konnten. Antonius eilte ihnen entgegen und trieb sie in den Sumpf zurück. Dann griff er das Lager des Cassius in der linken Flanke an und eroberte es mit leichter Mühe, da es nur eine geringe Besatzung hatte. Unterdes war auch derjenige Teil des Heeres des Cassius, der vor dem Lager kämpfte, in die Flucht geschlagen. Es war also der Erfolg auf beiden Seiten der gleiche, denn auf beiden Seiten hatte der rechte Flügel gesiegt und das feindliche Lager erobert. Mit Beute reich beladen kehrten die Leute des Antonius und Brutus zurück, ohne sich wegen des großen Staubes gegenseitig zu bemerken. Auf der Seite des Brutus und Cassius waren gefallen mit Einschluß der Schildträger 8000 Mann, auf Seiten des Antonius und Octavian die doppelte Zahl. Cassius war auf einen Hügel bei Philippi geflohen. Die Menge des Staubes raubte ihm die freie Übersicht, er sah nur, daß sein Lager geplündert ward. Deshalb befahl er seinem Waffenträger Pindaros, ihn zu töten. Während dieser noch zögerte, kam ein Bote des Brutus mit der Siegesnachricht herbeigeeilt. Doch Cassius erwiderte nur: „Nach meinem Wunsch mag Brutus vollständig siegen!" und zu Pindarus sprach er: „Warum befreist du mich nicht von meiner Schande?" worauf Pindarus seinen Herrn tötete. Andere dagegen erzählen, Cassius habe Reiter, die Brutus mit der Siegesnachricht an ihn abgesandt, für Feinde gehalten und den Titinius auf Kundschaft ausgeschickt. Als die Reiter diesen als einen Freund des Cassius mit Freudengeschrei umringten, habe er geglaubt, Titinius werde von den Feinden gefangen genommen, und sich mit Pindaros in ein Zelt zurückgezogen, wo dieser ihn getötet habe; Cassius habe sein Leben an seinem

Geburtstage geendet, auch Titinius habe sich wegen seines Zögerns getötet."

Die Angabe über die Zahl der Gefallenen, die Appian am Schlusse des Kap. 112 bringt, finden wir wieder bei Plutarch (Brut. 45), und zwar unter wörtlichem Anklang. Die Stellen lauten: App. IV, 112: τὸν δ' ἀριϑμὸν τῶν ἀποϑανόντων εἰκάζουσι τῶν μὲν ἀμφὶ τὸν Κάσσιον ἐς ὀκτακισχιλίους σὺν τοῖς παρασκευάζουσι ϑεράπουσι γενέσϑαι, τῶν δ' ἀμφὶ τὸν Καίσαρα διπλασίους· Plut. Brut. 45: ἔπεσον δὲ τούτων μὲν ὀκτακισχίλιοι σὺν τοῖς στρατευομένοις οἰκέταις, οὓς Βρίγας ὁ Βροῦτος ὠνόμαζε· τῶν δ' ἐναντίων Μεσσάλας φησὶν οἴεσϑαι πλείους ἢ διπλασίους. Es kann kaum bestritten werden, daß diese Stellen auf den nämlichen Gewährsmann zurückzuführen sind, und zwar auf Messala Corvinus, auf den Plutarch sich hier ja beruft (ob die Schrift des Messala direkt oder indirekt benutzt ist, darüber weiter unten). Noch eine zweite Stelle haben unsere beiden Autoren derselben Quelle entlehnt, während sie im übrigen, wie aus der obigen Zusammenstellung leicht ersichtlich ist, auf verschiedenen Berichten fußen, ich meine diejenige Relation von dem Ende des Cassius, die App. IV, 113: ἕτεροι δὲ αὐτὸν αἰσϑέσϑαι bis οὕτω κατελεσμένον ἐργάσασϑαι) als die zweite und Plut. Brut. 43 als die einzige bringt (ich lasse diese Stellen, wie auch andere, deshalb hier nicht im Wortlaut folgen, weil sie bereits bei Wichmann nebeneinander gestellt sind). Die Übereinstimmung zwischen Appian und Plutarch ist hier eine derartig genaue, daß man zu dem Schlusse kommen muß, sie haben beim Niederschreiben denselben Autor vor Augen gehabt (außerdem ist nicht anzunehmen, daß der selbständig handelnde und denkende Asinius, der sicherlich dem Appian die Hauptquellenvorlage lieferte, hier wie an anderer Stelle sollte zwei Versionen aneinandergereiht haben, ohne über die geringere Glaubwürdigkeit einer der beiden irgend ein Wort verlauten zu lassen). Diese Schlußfolgerung gewinnt noch an Berechtigung, wenn man Dio 47, 46 vergleichend heranzieht, der an dieser Stelle ebenfalls recht ausführlich ist und dieselbe Version von dem Tode des Brutus hat wie Plutarch, an mehreren Stellen aber von diesem abweicht, wo dieser gerade wieder mit Appian übereinstimmt Dio: ein Centurio wurde von Cassius abgeschickt — Appian und Plutarch: Titinius ward abgeschickt; Dio: der Centurio sollte nachsehen, wo Brutus weile

— Appian und Plutarch: Titinius ward den Reitern entgegengeschickt; dann fehlen bei Dio die Worte, die Cassius nach Appian und Plutarch bei der vermeintlichen Gefangennahme des Titinius sprach, und es fehlt ferner bei Dio, daß die Reiter, wie Appian und Plutarch melden, ein Jubelgeschrei erhoben; man vgl. ferner auch Val. Max. VI, 8, 4). Zugleich ist diese Stelle bedeutsam, weil in ihr die Arbeitsweise Appians sich wiederspiegelt. Appian bringt ja von dem Ende des Cassius zwei Versionen. Die erste hat er m. E. seiner Hauptquelle entlehnt; was er dieser seiner Hauptquelle entnommen, geht bis $\varkappa\alpha\iota\ \iota\sigma\iota\nu$ $o\tilde{v}\iota\omega\varsigma\ \dot{\alpha}\pi o\vartheta\alpha\nu\epsilon\tilde{\iota}\nu\ \delta o\varkappa\epsilon\tilde{\iota}\ K\dot{\alpha}\sigma\sigma\iota o\nu$, denn bis hierher steht er durchaus im Widerspruch zu Plutarch. Dann trägt er aus der Quelle des Plutarch, seiner Nebenquelle, die zweite Version nach, indem er seine Nebenquelle einführt mit den Worten $\ddot{\epsilon}\tau\epsilon\varrho o\iota$ $\delta'\ o\ddot{\iota}o\nu\tau\alpha\iota$. Zu diesem Nachtrag gehören noch die Worte am Ende des Kapitels 114 $\varkappa\alpha\dot{\iota}\ T\iota\tau\dot{\iota}\nu\iota o\varsigma\ \dot{\omega}\varsigma\ \beta\varrho\alpha\delta\dot{\nu}\nu\alpha\varsigma\ \dot{\epsilon}\alpha\nu\tau\dot{o}\nu\ \ddot{\epsilon}\varkappa\tau\epsilon\iota\nu\epsilon$, denn dasselbe erzählt Plut. (Brut. 43 am Schluß): $\dot{\epsilon}\sigma\pi\dot{\alpha}\sigma\alpha\tau o$ $\tau\dot{o}\ \xi\dot{\iota}\varphi o\varsigma\ \varkappa\alpha\dot{\iota}\ \pi o\lambda\lambda\dot{\alpha}\ \varkappa\alpha\varkappa\dot{\iota}\sigma\alpha\varsigma\ \tau\tilde{\eta}\varsigma\ \beta\varrho\alpha\delta\nu\tau\tilde{\eta}\tau o\varsigma\ \dot{\epsilon}\alpha\nu\tau\dot{o}\nu\ \dot{\alpha}\pi\dot{\epsilon}\sigma\varphi\alpha\xi\epsilon$. Innerhalb des Nachtrages stehen nun bei Appian die Worte: $K\alpha\sigma\sigma\dot{\iota}\dot{\omega}\ \mu\dot{\epsilon}\nu\ \delta\dot{\eta}\ \tau\dot{\epsilon}\lambda o\varsigma\ \tilde{\eta}\nu\ \tau o\tilde{v}\ \beta\dot{\iota} o\nu\ \varkappa\alpha\tau\dot{\alpha}\ \tau\dot{\eta}\nu\ \alpha\dot{v}\tau o\tilde{v}\ K\alpha\sigma\sigma\dot{\iota} o\nu$ $\gamma\epsilon\nu\dot{\epsilon}\vartheta\lambda\iota o\nu\ \dot{\eta}\mu\dot{\epsilon}\varrho\alpha\nu,\ \ddot{\omega}\delta\epsilon\ \tau\tilde{\eta}\varsigma\ \mu\dot{\alpha}\chi\eta\varsigma\ \gamma\epsilon\nu\dot{\epsilon}\sigma\vartheta\alpha\iota\ \sigma\nu\mu\pi\epsilon\sigma o\dot{\nu}\sigma\eta\varsigma$. Auch Plut. (Brut. 40) meldet, daß der Tag der Schlacht auf den Geburtstag des Cassius fiel: $\epsilon\tilde{\iota}\nu\alpha\iota\ \delta\dot{\epsilon}\ \varkappa\epsilon\varkappa\lambda\eta\mu\dot{\epsilon}\nu o\varsigma\ \epsilon\dot{\iota}\varsigma\ \tau\dot{\eta}\nu\ \dot{v}\sigma\tau\epsilon\varrho\alpha\dot{\iota}\alpha\nu$ $\dot{\epsilon}\pi\dot{\iota}\ \delta\epsilon\tilde{\iota}\pi\nu o\nu\ \dot{\epsilon}\pi'\ \alpha\dot{v}\tau o\tilde{v}\ \gamma\epsilon\nu\dot{\epsilon}\vartheta\lambda\iota o\nu\ o\tilde{v}\sigma\alpha\nu$. Bei Plutarch rührt diese Angabe her von Messala Corvinus, den Plutarch (Brut. 40 citiert. Auch bei Appian wird sie auf denselben Ursprung zurückzuführen sein; denn diese Notiz steht innerhalb eines einer Nebenquelle entlehnten Nachtrages, folglich ist anzunehmen, daß auch sie einer Nebenquelle entnommen ist, und Messala war nicht die Hauptquelle Appians, denn nach der Auseinandersetzung Appians begann die erste Schlacht bei Philippi infolge Zufälligkeiten, nach Messalas Angabe aber war, wie sich aus Plut. (Brut. 40) ergiebt, von Cassius und Brutus ein bestimmter Tag für die Entscheidungsschlacht vereinbart worden. Da nun die Angabe über die Zahl der Gefallenen am Schlusse von App. IV, 112 auf Messala zurückgeführt werden muß, so charakterisiert sich damit auch diese Angabe als ein einer Nebenquelle entlehnter Nachtrag. Bemerkt sei noch, daß bei Plutarch diese Angabe mit dem Folgenden, mit dem sie durch eine $\delta\iota\dot{o}$ verknüpft ist, in sachlichem Zusammenhange steht, Appian hat sie seiner Darstellung ohne nähere Beziehung zum Vorhergehenden und Folgenden eingefügt, er bringt sie mitten in der Erzählung vom Verlaufe der Schlacht, während man sie doch am Ende dieser Erzählung erwartet, wo sie auch bei Plutarch steht — ein neues Anzeichen dafür, daß wir es hier bei Appian mit einer, einer Nebenquelle entnommenen Einschiebung zu thun haben, und daß nicht etwa Plutarch diese Stelle der Quelle Appians — Asinius Pollio — entlehnte.

Die Übereinstimmung mit Plutarch setzt sich bei Appian noch in Kap. 114 fort. Plutarch erzählt (Brut. 44: „Brutus weinte an der Leiche des Cassius und nannte ihn den letzten Römer, dem niemand mehr an Tugend gleichkommen werde; dann ließ er die Leiche zur Bestattung nach Thasos bringen, damit ihr Anblick die Soldaten nicht zu Thränen rühre, worauf er das Heer des Cassius sammelte und ordnete. Am folgenden Tage führten Antonius und Octavian ihr Heer kampfgerüstet zum Lager hinaus; auch Brutus ließ seine Soldaten sich waffnen, er enthielt sich aber der Schlacht, da sein eigenes Lager wegen der zahlreichen Kriegsgefangenen einer scharfen Bewachung bedurfte, die Leute des Cassius aber mit dem Wechsel des Feldherrn unzufrieden und zugleich voll Neid und Mißgunst gegen die siegreichen Truppen des Brutus waren." Dasselbe erzählt App. IV, 114, jedoch mit allerlei Modifikationen. Wenn er für die Bestattung keine Ortsangabe bringt, sondern nur sagt, sie sei heimlich geschehen, so ist darauf weniger Gewicht zu legen; von mehr Bedeutung ist die Bemerkung, daß die Feinde sich zurückzogen, als Brutus sein Heer ihnen gegenüber aufstellte. Dann fehlt bei Plutarch manches, was Appian bringt, daß nämlich Brutus den Cassius wegen seines allzu raschen Verfahrens getadelt und ihn zugleich glücklich gepriesen habe, daß er nun des Kummers und der Sorgen ledig sei, während sein eigenes Los noch im Dunkeln liege; ferner, daß Brutus die ganze Nacht, ohne Speise und Trank zu sich zu nehmen, damit beschäftigt gewesen sei, das Heer des Cassius zu ordnen, und schließlich fehlt bei Plutarch die spöttische Äußerung des Brutus über den Rückzug der Feinde. Es ist nicht abzusehen, warum Plutarch, falls ihm die Quelle Appians zugänglich war, sich diese Bemerkungen entgehen ließ, da er doch sonst alles getreulich sammelt, was für das Verhalten seines Helden irgendwie von Interesse ist man vgl. die Ausführungen Wichmann's a. a. O. S. 40 und 42). Andere Einzelheiten, die wir bei Plutarch finden, vermissen wir wieder bei Appian. Plutarch allein erzählt, daß Octavian und Antonius wegen ihres großen Verlustes recht niedergeschlagen waren und erst wieder neuen Mut faßten, als ein Diener des Cassius dem Antonius den Mantel und das Schwert seines Herrn überbrachte; daß Brutus von den Gefangenen die Sklaven niederhauen ließ und den Freien zum Teil die Freiheit schenkte, und endlich, daß die Freunde des Brutus den Schauspieler Volumnius und den Possenreißer Säculio töten ließen. Aus dem Ganzen erhellt, daß Appian und Plutarch auch hier zum Teil verschiedenen Quellen folgen müssen, daß man aber die Übereinstimmungen zwischen ihnen, wenn man sie nicht für rein zufällig halten will, auf eine Benutzung der Quelle des Plutarch durch Appian zurückführen muß, kein Anzeichen spricht dafür, daß Plutarch etwa die Quelle Appians eingesehen habe. Kap. 46 erzählt Plutarch weiter: „Hierauf (d. h. nach der Niedermetzelung der gefangenen Sklaven u. s. w.) ließ Brutus die Geschenke an die Soldaten austeilen und tadelte sie ein wenig, weil sie ohne Losung und ohne Befehl nicht in der gehörigen Ordnung auf die Feinde losgestürmt seien; dann versprach er ihnen, wenn sie tapfer kämpfen würden, die beiden Städte Lakedämon und Thessalonike zur Plünderung und Beute. Dies ist der einzige wirklich dunkle Punkt im Leben des Brutus; indes vertrieben Antonius und Octavian ihren Soldaten zu Liebe die Bewohner von fast ganz Italien." Auch nach App. (IV, 117 und 118) hielt Brutus eine Ansprache an sein Heer, nachdem er es wieder ins Lager zurückgeführt hatte. Im Anfange seiner Rede tadelt er seine Soldaten, weil sie sich ohne Befehl auf den Feind gestürzt und sich vorschnell an die Plünderung gemacht hatten; dann aber wies er sie darauf hin, in welch mißlicher Lage sich der Feind infolge des Mangels an Lebensmitteln befände, und er bat sie, sich nicht durch Verhöhnung von seiten der Feinde zu einer Schlacht fortreißen zu lassen; schließlich verhieß er ihnen nach Vollendung des Feldzuges noch vollständige Siegespreise, sofort aber ließ er an die Soldaten Mann für Mann 1000 Drachmen austeilen. „Andere berichten", so fährt Appian fort, „daß Brutus seinen Soldaten auch noch Lakedämon und Thessalonike zur Plünderung versprochen habe."

Man sieht, daß anfangs Appian und Plutarch verschiedenen Quellen folgen: nach Plutarch läßt Brutus zunächst die Geschenke verteilen, und dann hält er die Ansprache, bei Appian ist es umgekehrt; bei Appian ist auch nicht davon die Rede, daß die Soldaten sich ohne empfangene Losung auf den Feind gestürzt hätten, da nach ihm ja die Schlacht aus Zufall begann; bei Plutarch ist dann wiederum nur der Anfang der Rede des Brutus angedeutet. Von Wichtigkeit ist aber, daß Appian über die Versprechungen, die Brutus seinen Soldaten machte, zwei Relationen bringt, Plutarch dagegen nur eine, und daß die zweite Relation Appians sich wiederum deckt mit der einzigen Plutarchs. Wir haben hier genau dasselbe Quellenverhältnis wie oben zwischen App. Kap. 113 und Plut. Brut. 43: bis διεμέτρει τὴν δωρεὰν κατὰ τέλη, folgt Appian hier seiner Hauptquelle, denn bis dahin geht der Widerspruch mit Plutarch; darauf bringt er aus einer Nebenquelle, der Quelle Plutarchs, einen kurzen Nachtrag: seine Nebenquelle führt er ein mit den Worten δοκεῖ δέ τισι. Bemerkenswert ist die prägnante Kürze, in der diese Nachricht sowohl von Plutarch wie von Appian wiedergegeben ist (App.: δοκεῖ δέ τισι καὶ Λακεδαίμονα καὶ Θεσσαλονίκην ἐς διαρπαγὴν αὐτοῖς δώσειν ἐπισχέσθαι, Plut.: ἐπέσχετο καλῶς ἀγωνισαμένοις δύο πόλεις εἰς ἁρπαγὴν καὶ ὠφέλειαν ἀνήσειν, Θεσσαλονίκην καὶ Λακεδαίμονα), außerdem beachte man die teilweise fast wörtliche Übereinstimmung: unwillkürlich wird man zu der Auffassung gedrängt, daß Appian und Plutarch denselben Autor vor Augen hatten, als sie diese Notiz niederschrieben. Doch noch in anderer Hinsicht ist diese Stelle von Bedeutung. Ganz richtig bemerkt WICHMANN (a. a. O. S. 40): causam huius diversitatis (i. e. des Auseinandergehens der Berichte unserer beiden Autoren esse diversum consilium historiarum facile perspicimus. At longe aliter res sese habet, si quid Appianus literis mandavit, quod etiamsi maxime ad Brutum pertinet, Plutarchus praetermisit. Hier sucht Plutarch seinen Helden wegen seines den Soldaten gemachten Versprechens unter Hinweis auf das noch weit rücksichtslosere Verfahren der Triumvirn zu entschuldigen. Nun war aber in der Hauptquelle Appians, nach dem Wortlaute unseres Autors zu urteilen, die Preisgebung der beiden Städte gar nicht erwähnt; ich glaube, der gerne mit Citaten prunkende Plutarch würde es nicht unterlassen haben, diese Quelle, falls sie ihm zugänglich gewesen wäre, hier anzuführen und zur Entschuldigung seines Helden zu verwerten.

Über die weiteren Vorgänge, welche sich zwischen der ersten und zweiten Schlacht bei Philippi abspielten, berichtet Plut. (Brut. 46—48) folgendermaßen: „Nach dem Kampfe befand sich Brutus in einer schwierigen Lage, da es ihm an einem geeigneten Mitfeldherrn fehlte, der die Soldaten des Cassius, die innerhalb des Lagers frech und trotzig, dem Feinde gegenüber aber verzagt waren, hätte im Zaume halten können. Um nichts besser stand es mit Octavian und Antonius. Durch den Mangel an Lebensmitteln wurden sie auf das äußerste bedrängt; ihr Lager hatten sie in der Nähe von Sümpfen auf niedrigem Gelände anlegen müssen, und da nun bald nach der Schlacht die Herbstregen eintraten, so waren die Zelte mit schlammigem Wasser angefüllt, das wegen der herrschenden Kälte alsbald gefror. Dazu gelangte die Nachricht zu ihnen, daß eine Flotte, die ihnen Verstärkungen zuführen sollte, von den Schiffen des Brutus vernichtet sei. Es mußte ihnen alles daran liegen, die Entscheidungsschlacht zu schlagen, bevor Brutus erfuhr, wie ihn das Glück begünstigt habe. Und in der That blieb ihm jenes Ereignis zwanzig Tage lang verborgen; denn sonst hätte er sich nicht auf eine zweite Schlacht eingelassen, da er mit Vorräten wohl versehen war und eine feste Stellung innehatte, und da seine Flotte das Meer beherrschte. Doch die Gottheit schien den einzigen Mann, der noch der Gewaltherrschaft entgegentreten konnte, aus dem Wege räumen zu wollen, und sie verbarg ihm jenen glücklichen Vorfall, obwohl er nahe daran war, ihn zu erfahren. Denn am Abend vor der Schlacht kam ein Überläufer mit der Nachricht, Octavians Flotte sei vernichtet; man schenkte ihm jedoch keinen Glauben und ließ ihn nicht einmal vor Brutus. Als die Heere sich bereits schlagfertig gegenüberstanden, stürzten in dem Raume zwischen den beiden Heeren zwei Adler aufeinander und kämpften lange miteinander unter tiefem Schweigen der Soldaten, bis zuletzt der auf des Brutus Seite floh" (über andere von Plut. Brut. 48 erwähnte Vorzeichen s. unten S. 48).

Hören wir jetzt Appian: er berichtet IV, 119—128: „Auf seiten der Triumvirn hielt Antonius eine Ansprache an die Soldaten, denen er Mann für Mann 5000 Drachmen verhieß. Am folgenden Tage stellte er sein Heer wieder in Schlachtordnung auf, Brutus aber hielt einen Teil seines Heeres zusammengezogen, um nicht zur Schlacht gezwungen zu werden, mit dem anderen bewachte er die Straße, auf der ihm Vorräte zugeführt wurden. Nach und nach ließ Antonius Anhöhen besetzen, welche die Straße nach dem Meere beherrschten; diesen gegenüber befestigte Brutus andere Anhöhen. Indes trieb der drückende Mangel die Triumvirn zur schleunigen Entscheidung. Sie hatten bereits eine Legion abgeschickt, die ihnen Lebensmittel aus Achaja herbeiholen sollte. Häufig erschienen ihre Truppen vor dem Lagerwall des Brutus und forderten die Feinde unter Hohn und Spott zum Kampf heraus. Brutus war fest entschlossen, sich in keine Schlacht einzulassen, besonders seitdem er erfahren hatte, daß seine Schiffe auf dem Ionischen Meere eine Flotte, die den Triumvirn Verstärkungen zuführen sollte, vernichtet hätten. Doch seine Soldaten vermochten den Hohn der Feinde nicht zu ertragen. Laut äußerten sie ihren Unwillen, daß man sie nicht zur Schlacht hinausführe, und ihre Tribunen meinten, mit so mutigen Truppen könne man die Feinde schnell besiegen. Der Hauptgrund aber zu diesem unbotmäßigen Verhalten lag in dem gegen jedermann nachsichtigen und freundlichen Wesen des Brutus, das von dem strengen und zum Herrschen geeigneten des Cassius sehr abstach; denn dem Cassius hatte man aufs Wort gehorcht, bei dem milden Brutus aber wollte jedermann mitbefehlen. Zuletzt gab Brutus dem Drängen seiner Tribunen nach und willigte in die Schlacht, indem er sprach: „Es scheint, auch wir müssen, wie einst Pompejus der Große, uns mehr leiten lassen, als das Heer leiten." Vielleicht argwöhnte er, das Heer könne als früheres Eigentum des älteren Cäsar zu den Feinden übergehen, welchen Argwohn er und Cassius schon von Anfang an gehegt hatten. Als er das Heer hinausgeführt hatte, ermahnte er es, sich in dem geforderten Kampfe tapfer zu erweisen; auch Antonius und Octavian richteten an ihre Truppen ermutigende Worte. Über diesen Vorbereitungen war bereits die neunte Stunde herangekommen, da fielen mitten zwischen den beiden Heeren zwei Adler einander an und kämpften miteinander. Es herrschte tiefes Stillschweigen, endlich ergriff der auf Brutus' Seite die Flucht."

Es kann nicht bezweifelt werden, daß auch in diesem Abschnitte unsere beiden Autoren sich auf verschiedene Gewährsmänner stützen. aus gleicher Quelle stammt jedoch die Erzählung von dem Kampfe der beiden Adler, sie rührt her von Volumnius, den Plutarch hier (Kap. 48) citiert, und dem er auch in anderen Particen der Biographie des Brutus gefolgt ist (s. Kap. 51: die enge Verwandtschaft zwischen Plutarch und Appian an dieser Stelle erhellt, wenn man Dio 47, 48 und Val. Max. I, 4, 7 vergleichend heranzieht). Daß der Tag damals bereits bis zur 9. Stunde vorgerückt war, sagt auch Plut. Brut. 49 — also auch diese Angabe scheint Appian der Quelle Plutarchs zu verdanken. Eine Vergleichung zwischen den Charakteren des Brutus und Cassius bringt Plutarch bereits Brut. 29; er weicht aber in seinem Urteil von dem Appians ab, weshalb ich mich auch nicht habe überzeugen können, daß hier bei Appian und Plutarch dieselbe Quelle zu Grunde liegt.

„Brutus", so erzählt Plut. (Brut. 49—52) weiter, „zögerte noch mit dem Angriffe, weil er zur Kampfeslust der Seinen nicht das rechte Vertrauen hatte. Da ritt dicht neben ihm Camulatus, ein kriegerischer und wegen seiner Tapferkeit vielfach ausgezeichneter Mann, aus der Schlachtlinie heraus und ging zu den Feinden über. Um weiteres Überlaufen zu verhindern, befahl Brutus sofort den Angriff. Auf seinem Flügel errang er wiederum den Sieg; seine Reiterei unterstützte ihn thatkräftig bei der Verfolgung des Feindes. Den anderen Flügel aber hatten die Tribunen, damit er nicht umgangen würde, zu weit ausdehnen müssen, und da Brutus an Truppenzahl den Triumvirn nachstand, so wurde sein linker Flügel durchbrochen und in die Flucht geschlagen. Bald ward auch der siegreiche Heeresteil des Brutus von dem siegreichen Flügel der Feinde im Rücken angegriffen und, trotzdem Brutus sich als tüchtigen Feldherrn und Soldaten bewies, in die Flucht geschlagen. Auf der Verfolgung näherte sich ein Trupp Reiter dem Brutus. Da blieb ein gewisser Lucilius ein wenig zurück, sagte zu den Reitern, er sei Brutus, und verlangte zu Antonius geführt zu werden. Erst als sie in der Nähe des Antonius waren, sagte Lucilius zu den Reitern, daß er sie getäuscht habe. Antonius aber behandelte ihn seines bewiesenen Edelmutes wegen höchst ehrenvoll und fand später an ihm einen treuen Freund. Unterdes hatte Brutus in Begleitung einiger weniger Freunde und Offiziere das steile Ufer eines Waldbaches überschritten und sich in einer Thaleinsenkung gelagert. Hier citierte er, zu dem gestirnten Himmel aufblickend, zwei Verse, von denen Volumnius den einen Ζεῦ, μὴ λάθοι σε τῶνδ᾽ ὃς αἴτιος κακῶν aufgezeichnet hat. Statilius, einer der Begleiter des Brutus, unternahm es, sich durch die Reihen der Feinde nach dem Lager durchzuschleichen. Dort angelangt, gab er dem Brutus das verabredete Zeichen mit einer brennenden Fackel; er kehrte aber nicht zu Brutus zurück, da er unterwegs von den Feinden niedergemacht wurde. Im Verlaufe der Nacht nahm Brutus von seinen Freunden herzlichen Abschied und ermahnte sie, auf ihre Rettung bedacht zu sein. Darauf zog er sich mit zwei oder drei zurück; den Straton ließ er dicht an sich herantreten, dann stürzte er sich in das entblößte Schwert, das er mit beiden Händen am Griff gefaßt hielt, und starb so. Andere erzählen, Straton habe mit abgewandtem Gesicht dem Brutus auf dessen dringende Bitte das Schwert gehalten, worauf Brutus sich auf dasselbe stürzte."

Über diese Ereignisse berichtet App. IV, 128—131: „Als der Adler auf des Brutus Seite davonflog, erhoben die Feinde ein gellendes Geschrei, und die Heere stürzten aufeinander. Der Kampf war ein äußerst erbitterter, schließlich begannen des Brutus Leute zu weichen, anfangs langsam, dann artete ihr Rückzug in Flucht aus. Octavian übernahm es jetzt, das Lager des Brutus zu bewachen und die etwa aus demselben Hervorbrechenden zurückzutreiben; Antonius ließ die von Brutus befestigten Höhen besetzen und die Ausgänge des Schlachtfeldes beobachten, damit keiner der feindlichen Anführer entkomme. Als Lucilius Reiter des Antonius dahersprengen sah, machte er Halt, gab sich für Brutus aus und verlangte zu Antonius geführt zu werden. Dieser nahm ihn höchst ehrenvoll auf und fand später an ihm einen treuen Freund. Brutus war mit einer größeren Anzahl seiner Leute auf das Gebirge geflohen; von hier wollte er während der Nacht in das Lager zurückkehren oder sich an das Meer begeben. Da er sich umstellt sah, blieb er während der Nacht unter den Waffen. Da soll er denn, zu den Sternen emporblickend, den Vers citiert haben „Ζεῦ, μὴ λάθοι σε τῶνδ᾽ ὃς αἴτιος κακῶν". Auch Antonius blieb dem Brutus gegenüber unter den Waffen stehen, Octavian gab um Mitternacht seiner geschwächten Gesundheit wegen das Kommando an Norbanus ab. Brutus hatte fast 4 Legionen bei sich. Am folgenden

Morgen schickte er seine Freunde zu den Soldaten mit der Anfrage, ob sie gesonnen seien, sich mit ihm in ihr von den Freunden bewachtes Lager durchzuschlagen. Sie ließen ihm sagen, er möchte für seine Person einen Entschluß fassen, sie selbst wollten sich nicht die letzte Aussicht auf Versöhnung nehmen. Da sprach denn Brutus: „So bin ich also dem Vaterland zu nichts mehr nütze!" und bat seinen Freund Strato, ihn zu töten. Als dieser ihn bat, sich doch noch zu besinnen, rief Brutus einen seiner Sklaven. Da sagte Strato: „Keine Sklaven, Brutus! Zur Vollführung deiner letzten Befehle soll es dir nicht an einem Freunde fehlen!" Unter diesen Worten stieß er dem Brutus das Schwert in die Brust, ohne daß dieser sich abwandte."

Über den Tod des Brutus bringt also Plutarch zwei Versionen, ich kann aber H. PETER a. a. O. S. 139 Anm.) nicht beistimmen, wenn er behauptet, daß die zweite Version Plutarchs mit der Angabe Appians IV, 131 übereinstimmt und derselben Quelle entstammt (ebensowenig halte ich es für sicher nachweisbar, daß App. IV, 135 und Plut. Brut. 49 ihre Angaben über den Tod des jüngeren Cato derselben Quelle entlehnt haben: s. PETER a. a. O. S. 138). Von dem eben Vorgebrachten können unsere beiden Geschichtschreiber aus derselben Quelle nur entnommen haben die Geschichte von der List des Lucilius und die Notiz über die Citierung des einen Verses durch Brutus. Allerdings bringt Appian die Geschichte von der List des Lucilius in kürzerer Fassung als Plutarch, was er aber bringt, stimmt mit der Erzählung Plutarchs bis ins kleinste Detail, vielfach lassen sich sogar wörtliche Anklänge konstatieren — dieselbe Quelle muß hier demnach unseren beiden Autoren vorgelegen haben (s. WICHMANN a. a. O. S. 36). Dasselbe gilt auch von dem Citate. Zunächst ist hervorzuheben, daß auch Appian gerade nur den einen Vers bringt, den, wie aus der Erzählung Plutarchs hervorgeht, Volumnius im Gedächtnisse festgehalten hatte, und dann ist zu beachten, daß sowohl Appian wie Plutarch berichten, Brutus habe, als er den Vers citierte, zum gestirnten Himmel emporgeschaut (s. BAILLEU a. a. O. S. 54; VOLLGRAFF a. a. O. S. 65; WICHMANN a. a. O. S. 43". Appian hängt dieser Erzählung die Worte an: ἐπισπασάμενον ἄρα τὸν Ἀντώνιον, ὃ καὶ αὐτὸν Ἀντώνιόν φασιν ὕστερον ἐν τοῖς ἰδίοις κινδύνοις μεταγιγνώσκοντα εἰπεῖν, ὅτι ἀντεξετάζεσθαι Κασσίῳ καὶ Βρούτῳ δυνάμενος ὑπηρέτης γένοιτο Ὀκταουΐας. Die letzte Hälfte dieses Gedankens finden wir wieder bei Plut. Brut. 29: Μάρκον δ' Ἀντώνιον ἀξίαν φησὶ τῆς ἀνοίας διδόναι δίκην, ὃς ἐν Βρούτοις καὶ Κασσίοις καὶ Κάτωσι συναριθμεῖσθαι δυνάμενος προσθήκην ἑαυτὸν Ὀκταβίῳ δέδωκε. Ich habe mich, als ich diese Stellen mit ein ander verglich, des Eindrucks nicht erwehren können, daß hier irgend ein Quellenzusammenhang vorliegen muß. Eine sichere Entscheidung zu treffen, scheint mir unmöglich zu sein; ich gebe nur einer Vermutung Ausdruck: bei Plutarch muß nach dessen eigenen Worten die zweite Hälfte des Kap. 29 auf einen Brief des Brutus an Atticus zurückgeführt werden· γράφει δὲ πρὸς τὸν Ἀττικὸν ἤδη τῷ κινδύνῳ πλησιάζων. Appian führt diese Notiz mit einem ganz unbestimmt gehaltenen φασίν ein — sollte der vielfach flüchtig arbeitende Appian diese einer Nebenquelle entlehnte Stelle einfach aus dem Gedächtnisse nachgetragen haben, wobei er den Ausspruch ὅτι συνεξετάζεσθαι bis Ὀκταουΐα fälschlich dem Antonius zuwies?

In Kap. 132—134 bringt Appian eine Betrachtung über das Schicksal des Cassius und Brutus, bei Plutarch vermissen wir sie. Einzelheiten aus derselben stehen mit der Darstellung Plutarchs sogar in direktem Widerspruch: ich meine das Urteil Appians, auch die Tugend des Cassius sei, abgesehen von dem an Cäsar verübten Verbrechen, unbestritten gewesen (man vgl. dagegen Plut. Brut. 29), und dann die Behauptung, den Cassius und Brutus habe niemand verlassen — nach Plutarch ging ja Camulatus vor den Augen des Brutus zu den Feinden über. Dagegen hat Appian die Beweise für seine Behauptung, die Gottheit habe dem Brutus und Cassius mehrfach ihr Mißfallen kundgethan, aus derselben Quelle geschöpft, die sonst auch Plutarch benutzte. Appian bringt nämlich für seine Behauptung folgende Belege: 1 Vier Vorzeichen, die dem Brutus und Cassius kurz vor der ersten Schlacht bei Philippi zu teil wurden: Plutarch hat dieselben aufgeführt Brut. 39, und zwar in derselben Reihenfolge wie Appian. Auch Dio bringt sie (47, 40), doch in anderer Reihenfolge wie Appian und Plutarch, um so mehr Grund haben wir zu der Annahme, daß hier von Appian und Plutarch dieselbe Quelle benutzt ist (s. Wichmann a. a. O. S. 39). 2 Einen Ausspruch des Brutus bei einem Trink gelage zu Samos. Die Erzählung von dem Trinkgelage hat Plut.

Brut. 24, doch nennt er als Ort der Handlung Karystos. Auf diese Abweichung in der Ortsangabe ist kein Gewicht zu legen; entschieden haben wir es hier mit einem Versehen Appians zu thun, denn geographische Irrtümer sind bei ihm ja nichts Seltenes, und es ist durchaus unwahrscheinlich, daß Brutus dem Apulejus, dem zu Ehren das Gastmahl gegeben wurde, bis Samos entgegenfuhr. 3) Die Erzählung von den Traumerscheinungen des Brutus vor der Überfahrt nach Europa und vor der zweiten Schlacht bei Philippi; Plutarch bringt sie Brut. 36 und 48 (überdies auch noch Cäs. 69). 4) Die Erzählung von der Niedermetzelung eines Äthiopiers durch die Soldaten des Brutus vor der zweiten Schlacht bei Philippi; bei Plutarch finden wir diese Erzählung Brut. 48. — Es fragt sich nun, ob Plutarch die Erzählung von diesen Prodigien der Hauptquelle Appians entlehnt hat. Dies ist nicht anzunehmen; denn Plutarch bringt die Prodigien in fünf verschiedenen Abschnitten (abgesehen davon, daß die Erzählung von den Traumerscheinungen auch noch im Cäsar aufgezeichnet ist), und jeden Abschnitt bringt er gerade dort, wohin er nach dem Zusammenhange der Darstellung gehört; umgekehrt aber steht die Sache bei Appian, dieser erwähnt die Prodigien nicht im Zusammenhange der Darstellung, sondern nach geschlossener Erzählung in einer allgemeinen Betrachtung, sie sind also nicht bei Plutarch, sondern bei Appian aus dem allgemeinen Zusammenhang herausgerissen. Demnach sehen wir uns zu der Annahme genötigt, daß Appian die Erzählung von diesen Prodigien der Quelle Plutarchs, seiner Nebenquelle, entnahm und an einem ihm passenden Orte seiner Darstellung einfügte.

In den Kap. 135 und 136 berichtet Appian über das Schicksal des Heeres des Brutus und über das der Heerführer; Plutarch schweigt hierüber. Inbetreff einiger anderer Notizen, die Appian in diesen Kapiteln bringt, stimmt er an zwei Stellen mit Plutarch überein. Zunächst berichtet er im Anfange von Kap. 135: *καὶ Βροῦτον Ἀντώνιος ἀνευρὼν περιέβαλέ τε τῇ ἀρίστῃ φοινικίδι εὐθύς, καὶ καύσας τὰ λείψανα τῇ μητρὶ Σερουιλίᾳ ἔπεμψεν.* Bei Plut. (Brut. 53) heißt es: „*Τὸν δὲ Βροῦτον ὁ Ἀντώνιος ἀνευρὼν τεθνηκότα τὸ μὲν σῶμα τῇ πολυτελεστάτῃ τῶν ἑαυτοῦ φοινικίδων περιβαλεῖν ἐκέλευσεν —. Τὰ δὲ λείψανα πρὸς τὴν μητέρα τοῦ Βροῦτου Σερουιλίαν ἀπέπεμψεν.* Es ist bei der großen wörtlichen Übereinstimmung kaum anders denkbar, als daß diese Stelle direkt derselben Quelle entnommen ist, man vgl. HAUPT, Phil. Anz. Bd. 12 S. 84 ff.). Dann heißt es App. IV, 136: Πορκία δ᾽ ἡ Βρούτου μὲν γυνή, Κάτωνος δὲ ἀδελφή, τοῦ νεωτέρου, ἐπείτε ἀμφοῖν ὧδε ἀποθανόντων ἐπύθετο, φυλασσομένη πρὸς τῶν οἰκείων πάνυ ἐγκρατῶς, ἐσχάρας πρὸς ἐνεχθείσης ἁρπάσασα τῶν ἀνθράκων κατέπιεν. Hierüber läßt sich Plut. Brut. 53 folgendermaßen verlauten: Πορκίαν δὲ τὴν Βρούτου γυναῖκα Νικόλαος ὁ φιλόσοφος ἱστορεῖ καὶ Οὐαλέριος Μάξιμος βουλομένην ἀποθανεῖν, ὡς οὐδεὶς ἐπέτρεπε τῶν φίλων, ἀλλὰ προσέκειντο καὶ παρεφύλαττον, ἐκ τοῦ πυρὸς ἀναρπάσασαν ἄνθρακας καταπιεῖν καὶ τὸ στόμα συγκλείσασαν καὶ μύσασαν οὕτω διαφθαρῆναι. Im Anfange des Kap. 136 berichtet Appian über das Schicksal des Rhascupolis; dann geht er plötzlich und ganz unvermittelt auf den Tod der Porcia über, worauf er wiederum ohne irgend welche Verknüpfung mit dem unmittelbar Vorhergehenden in seinem Bericht über das Schicksal der Heerführer fortfährt. UNGER (a. a. O. S. 128) weist mit Recht darauf hin, daß Appian diese Nachricht vom Tode der Porcia weder dem Asinius Pollio noch dem Messala verdanken kann, da diese Nachricht falsch ist, und Asinius und Messala wissen mußten, daß Porcia vor Brutus gestorben war. Plutarch beruft sich hier auf Valerius Maximus und Nikolaus von Damaskus, doch hat er, wie WICHMANN (a. a. O. S. 48 und 49) darthut, den Valerius Maximus nicht eingesehen, wahrscheinlich auch den Nikolaus nicht, mithin muß diese Stelle einem späteren Historiker entstammen, und da nun Appian hier mit Plutarch mehrfache wörtliche Anklänge aufweist, so wird auch er diese Stelle, die ja bei ihm ohne besonderen Zusammenhang mit dem Vorhergehenden und Folgenden ist, aus demselben späteren Historiker seiner Darstellung eingefügt haben.

Hiermit habe ich meinen Vergleich beendet; ich werde jetzt erörtern, wem Appian das verdankt, was er uns überliefert hat, und welchen Grad der Wertschätzung sein Bericht für sich in Anspruch nehmen darf. In seinem Werke „Zur Kritik der Quellen der älteren römischen Geschichte" weist K. PETER dem Appian in der Darstellung der Ereignisse von der Ermordung Cäsars bis zur Vertreibung des Antonius aus Italien zahlreiche Ungenauigkeiten und Übertreibungen und Parteinahme für Octavian und gegen die Senatspartei nach. Nach den Ausführungen Peter's wird niemand mehr in Abrede stellen wollen, daß Appian auch hier wie anderswo mit Flüchtigkeit gearbeitet hat; allein hin und wieder scheint mir der verdiente Gelehrte doch allzu hart mit unserem Autor ins Gericht zu gehen, in Sonderheit hätte Peter nach meinem Dafürhalten an manchen Stellen seine Anschuldigungen nicht gegen Appian selbst, sondern gegen dessen Quelle oder gegen die ganze Zeitrichtung, unter der Appians Quelle abgefaßt wurde, richten müssen, und wenn dann Peter aus seinen Einzeldarlegungen den Schluß zieht, „das Ganze macht den Eindruck einer aus den verschiedensten Quellen auf Grund einer mannigfaltigen Lektüre mit Willkür und Leichtfertigkeit (vielleicht zum Teil aus dem Gedächtnis) verfaßten Kompilation", so kann ich ihm nicht beistimmen, ich bin vielmehr der Überzeugung, daß Appian im wesentlichen eine Quelle excerpierte. Gehen wir nunmehr auf die Ausführungen Peter's näher ein.

S. 132 sagt Peter: „In dem Volksaufruhr werden von dem wütenden Volke auch die Verschworenen gesucht, um an ihnen Rache zu nehmen; diese sollen aber nach c. 147; 148 schon längst ($\pi\varrho\grave{o}$ $\pi o\lambda\lambda o\tilde{v}$) aus der Stadt geflohen sein, während wenigstens M. Brutus und Cassius nach ad Att. XIV, 5, 6, 7 sich noch am 11., 12. und 15. April daselbst befanden." Bei App. II, 147 und 148 steht aber nach meinem Dafürhalten nicht, daß die Verschworenen schon längst aus der Stadt geflohen waren: das $\pi\varrho\grave{o}$ $\pi o\lambda\lambda o\tilde{v}$ Kap. 147 beziehe ich auf die Flucht vom Forum in die Häuser, und mit dem $\dot{\varepsilon}\varkappa\varepsilon\acute{\iota}\nu\omega\nu$ $\dot{\alpha}\mu\nu\nu o\mu\acute{\varepsilon}\nu\omega\nu$ können nur die Mörder gemeint sein, sie waren also am Tage der Beerdigung Cäsars noch in der Stadt. In Kap. 148 erzählt Appian dann ohne nähere Zeitangabe, wie es seine Art und Weise ist, $o\acute{\iota}$ $\sigma\varphi\alpha\gamma\varepsilon\tilde{\iota}\varsigma$ $\dot{\varepsilon}\xi\dot{\eta}\varepsilon\sigma\gamma o\nu$ $\dot{\varepsilon}\varkappa$ $\tau\tilde{\eta}\varsigma$ $\pi\acute{o}\lambda\varepsilon\omega\varsigma$ $\delta\iota\alpha\lambda\alpha\vartheta\acute{o}\nu\tau\varepsilon\varsigma$; daß Brutus und Cassius anfänglich noch in der Stadt zurückblieben, läßt sich schließen aus III, 2; 6; 7, und überdies spricht Appian es noch mit deutlichen Worten aus IV, 57. Ferner meint Peter (S. 133), Cicero habe nach App. III, 4 (Peter nennt III, 5) den Antonius in der ganzen Zeit bis zu dessen Bruch mit dem Senat (d. h. bis zum 1. Juni) fortwährend im Senat gelobt: ich vermag nicht einzusehen, daß wir unter dem $\sigma\nu\nu\varepsilon\chi\tilde{\omega}\varsigma$ (die Stelle lautet bei Appian $\ddot{\alpha}$ $\varkappa\alpha\grave{\iota}$ $K\iota\varkappa\acute{\varepsilon}\varrho\omega\nu$ $\sigma\nu\nu\varepsilon\chi\tilde{\omega}\varsigma$ $\dot{\varepsilon}\pi\dot{\eta}\nu\varepsilon\iota$ $\tau\grave{o}\nu$ $\dot{A}\nu\tau\dot{\omega}\nu\iota o\nu$) gerade den ganzen Zeitraum bis zum 1. Juni zu verstehen haben, Cicero wird vielmehr bei App. III, 5—49 mit keinem einzigen Worte wieder erwähnt, und daß Cicero anfangs durchaus nicht abgeneigt war, mit Antonius Hand in Hand zu gehen, ergiebt sich aus seinen eigenen Worten ad fam. XVI, 23, 2: ego tamen Antonii inveteratam sine ulla offensione amicitiam retinere sane volo scribamque ad eum, sed non ante, quam te videro — also ist es nicht unmöglich, daß er ihn auch gelegentlich öffentlich gelobt hat (nach Plut. Ant. 14 und Brut. 19 wurde Antonius anfänglich allseitig gefeiert). Aus App. III, 3 folgert Peter (S. 133, Appian habe fälschlich berichtet, daß der Altar des Cäsar durch Antonius umgestürzt ward; ich meine, der Schluß ist hier nach dem Wortlaute der Stelle nicht berechtigt. Die Rede des Antonius App. III, 33—38) ist an eine Abordnung der Leibwache gehalten (s. Kap. 32), sie ist, wenigstens zum Teil, vertraulicher Natur, wie sich aus dem Schluß von Kap. 38 ergiebt, ich halte es demnach für zu weitgehend, wenn Peter sie (S. 136) kurzer Hand unter die Übertreibungen und Unüberlegtheiten rechnet. Über den von Antonius bewirkten Wechsel in der Verteilung der Provinzen berichtet Appian allerdings nicht klar und bestimmt, er übergeht aber diesen Provinzwechsel nicht gänzlich, wie Peter (S. 133) behauptet (s. z. B. App. III, 7 und 8. Daß die Senatssitzung im Tempel der Tellus bereits am 16. März stattfand, stand entschieden schon in Appians Quelle, diese irrige Ansicht war im Altertum weit verbreitet, auch Plut. Brut. 19 und Dio 41, 21 und 22 vertreten sie, die doch nicht mit Appian aus gleicher Quelle geschöpft haben. Ferner müßte Peter nicht Appian, sondern dessen Quelle anschuldigen für die — m. E. sicherlich auf Wahrheit beruhende — Nachricht, daß am 17. März die acta Caesaris bei den Senatoren nur durchgesetzt wurden, weil Antonius ihnen ankündigte, daß sie andernfalls um ihre Ämter und Würden kommen würden, denn Dio hat diese Motive der Senatoren ebenfalls angedeutet (44, 33 und 34; s. Peter S. 141). Nach App. III, 46 schwuren die Senatoren dem Antonius bei seinem Abmarsch nach Gallia cisalpina den Treueid; das berichtet auch Dio 45, 13, folglich muß auch hier Appians Quelle zur Verantwortung gezogen werden Peter S. 134. Ebenso fand Appian in seiner Quelle, daß dem Octavian eine übergoldete Statue errichtet ward, diese Nachricht wird bestätigt durch Cic. ad Brut. 1, 15, 7, Dio 46, 29, Vell. Pat. 2, 61, 3 und durch

4*

Münzen (SCHILLER a. a. O. Bd. 1 S. 35 Anm. 2; man vgl. dagegen PETER S. 134). S. 135 meint PETER, es sei eine Übertreibung, wenn es heißt bei Appian (II, 117), die Mörder Cäsars hätten ihr Opfer noch als Leichnam mißhandelt (ἐνύβριζον) und in ihrer blinden Wut sich selbst unter einander verwundet: haben wir es hier in der That mit einer Übertreibung zu thun, so müßte für sie Appians Quelle angeschuldigt werden, denn genau dasselbe berichtet Plut. Cäs. 66 und Brut. 17. Übrigens hat RANKE kein Bedenken getragen, in seine Darstellung (Weltgeschichte, 2. Theil 2. Abtheil. ² S. 327) aufzunehmen, „Brutus ist in dem Getümmel selbst an der Hand verwundet worden". Was die Zahl der Leibwächter des Antonius betrifft, so verweise ich auf die Ausführungen SCHILLER's (a. a. O. S. 21 Anm. 6). S. 136 sagt PETER: „Noch ist aber endlich die parteiische Richtung für Octavian, als Begründer der Kaiserherrschaft, und gegen die Senatspartei hervorzuheben, welche die ganze Darstellung des Appian durchzieht, und in der die damals namentlich bei den Griechen herrschende Servilität hervorleuchtet." Ich will Appian nicht verteidigen gegen den Vorwurf der parteiischen Entstellung, denn unser Autor ist stark eingenommen für Octavian und Antonius und gegen Cicero und die Senatspartei; indes gegen die Beschuldigung der Servilität möchte ich ihn doch in Schutz nehmen: III, 39 heißt es bei Appian, Octavian habe vor der Wohnung des Antonius umhergetobt und geschimpft: III, 95 derjenige Richter, welcher für Lossprechung der Mörder Cäsars stimmte, kam bald darauf auf die Proskriptionsliste; III, 96 Octavian söhnte sich nur deshalb mit Antonius aus, um sich seiner gegen Brutus und Cassius zu bedienen; III, 30 Antonius habe die Tribunen bestochen; dann wird II, 143—148 das Verfahren des Antonius bei der Leichenfeier, III, 5 ff. seine Fälschungen der Denkschriften Cäsars und seine Willkürherrschaft gegeißelt; die Proskriptionen werden ausführlich behandelt, und das Proskriptionsedikt wird im Wortlaut mitgeteilt, obwohl es doch im Interesse des Octavian liegen mußte, daß es bald in Vergessenheit geriet (BAILLEU a. a. O. S. 48) u. a. m. Wie aber steht es mit der Behauptung PETER's, „das Ganze macht den Eindruck einer aus den verschiedensten Quellen auf Grund einer mannigfachen Lektüre mit Willkür und Leichtfertigkeit verfaßten Kompilation"? Gegen dieselbe sei bemerkt, daß die

Auffassung der Charaktere der hervorragendsten handelnden Personen in der Gesamtdarstellung unserer Periode mit Konsequenz festgehalten, daß der Parteistandpunkt Appians überall derselbe ist (s. die Ausführungen BAILLEU's; auch PETER zieht zur Charakterisierung Appians Stellen aus allen Partieen der Bücher II, 118 — III, Schluß an; überdies verweist er S. 137 ganz treffend auf die Eingangsworte des 3. Buches). Wenn demnach unser Autor „aus den verschiedensten Quellen" geschöpft haben sollte, so müßte er die Unebenheiten, wie sie zwischen „den verschiedensten Quellen" selbstverständlich sind, ausgeglichen haben (PETER hat ihm nur Flüchtigkeiten und Übertreibungen in Einzelheiten, keine Widersprüche mit sich selbst nachgewiesen), mithin wäre er recht selbständig verfahren, und von einer bloßen Kompilation könnte nicht mehr die Rede sein. Hat nun aber Appian seine Darstellung auf Grund eines Studiums verschiedener Quellenschriften unter Wahrung seiner Selbständigkeit frei abgefaßt, oder verfuhr er so, wie nach der Ansicht vieler Gelehrten die alten Historiker, sobald sie nicht die Geschichte ihrer eigenen Zeit schrieben, fast ausschließlich verfuhren, daß er seiner Darstellung eine Hauptquelle zu Grunde legte und dieselbe durch gelegentliche Nachträge aus Nebenquellen zu ergänzen suchte? Wir haben oben gesehen, daß sich in Appians Darstellung der Ereignisse im Osten und besonders des philippensischen Krieges deutlich zwei Partieen unterscheiden lassen, in der einen, der Hauptpartie, steht er in Widerspruch mit Plutarch, in der anderen zeigt er mit demselben eine bis ins kleinste Detail gehende, oft fast wörtliche Übereinstimmung, er hat sich demnach in der letzteren seiner Quelle aufs engste angeschlossen. (Ich will hier einschalten, daß App. III, 77, wo er eine zweite Relation über Bassus giebt und sich auf Livius beruft, genau übereinstimmt mit Dio 47, 26, er muß sich also auch hier eng an seine Quelle angelehnt haben.) Sollte sich nun Appian in der Hauptpartie seine Selbständigkeit gewahrt haben, so daß er in derselben Periode sich bald eng an seine Quelle anlehnte, bald seine Darstellung frei und selbständig abfaßte? Das ist nicht anzunehmen, zumal da er noch in der Periode vom ersten Triumvirat bis zu der Ermordung Cäsars seine Quelle, wie ein Vergleich mit Plutarch lehrt, einfach ausschrieb, und da seine Darstellung in der Periode von der Ermordung Cäsars bis zum Tode des

M. Brutus ein durchaus eigenartiges, auf eine bestimmte Quelle hinweisendes Gepräge trägt. Eine Ausnahmestellung nimmt vielleicht der Abschnitt ein, wo Appian handelt von der Verfolgung und Tötung bezw. Errettung der Proskribierten. Appian sagt nämlich IV, 16: πολλὰ δ᾽ ἔστι, καὶ πολλοὶ Ῥωμαίων ἐν πολλαῖς βίβλοις αὐτὰ συνέγραψαν ἐφ᾽ ἑαυτῶν· ὀλίγα δὲ ἐγὼ καθ᾽ ἑκάστην ἰδέαν — ἐπὶ κεφαλαίων διὰ τὸ μῆκος ἀναγράψω. Es ist nicht unmöglich, daß gerade über die Tötung oder Rettung der Proskribierten vielgelesene, von Rhetoren verfaßte Broschüren existierten, die dem Appian zugänglich waren, und die, wenigstens zum Teil, auch Dio benutzte. da auch Dio 47, 10 ebenso wie Appian über die Menge Stoffes klagt (ἐγὼ οὖν τὸ μὲν πάντα αὐτὰ ἀκριβῶς καθ᾽ ἕκαστον ἐπεξελθεῖν παραλείψω, πάμπολύ τε γὰρ ἔργον ἂν εἴη) und in seinen Geschichten mehrfach mit Appian übereinstimmt: man vgl. Dio 47, 10, 3 mit App. 4, 44, 21; Dio 47, 10, 4 und 5 mit App. 4, 43, 1; Dio 47, 11, 4 (Schicksal des Messala) mit App. 4, 38, 9. Andere Anekdoten weichen in Einzelheiten ab: man vgl. in dieser Hinsicht Dio 47, 7, 4 mit App. 4, 44, 3; Dio 47, 10, 2 mit App. 4, 44, 17: Dio 47, 10, 6 mit App. 4, 41, 24; man vgl. ferner Dio 47, 11, 5: καὶ διὰ τοῦτο χρὴ μήτε ἐς τὸ ἀνέλπιστον πρὸς τὰς αἰτίας συμφορὰς ἐκπίπτεσθαί τινα mit App. 4, 36, 12: καὶ τοῖς ἀκούουσιν ὠφελιμώτερον ἐς μηδὲν ἀποκάμνοντας ἐλπίζειν περιέσεσθαι. Eine andere Möglichkeit ist, daß diese Übereinstimmungen bei Dio und Appian auf Livius zurückzuführen sind, da Dio auch im 47. Buche, ebenso wie früher, vorzugsweise dem Livius gefolgt sein muß; man vgl. Obsequens (ich citiere nach der Ausgabe Jahn's: Obsequens hat hier recht nachlässig excerpiert, das beweisen die vielen chronologischen Verschiebungen, die man in Kap. 69 und 70 nachweisen kann) 69, 20—26 mit Dio 47, 1 und 2: dann Obsequens 70, 5—8, 11—14, 20—24, 1—4 mit Dio 47, 40; ferner Liv. 114, Anfang mit Dio 47, 26; Liv. 122, Schluß mit Dio 47, 24. Übereinstimmungen Dio's mit Florus und Valerius Maximus, die ja vorzugsweise dem Livius zu folgen pflegten, sind nicht selten: ich vergleiche nur Dio 47, 41, 3 und 4 mit Valerius Maximus 1, 7, 1. wo beide durchaus dieselbe Auffassung zeigen, und Dio 47, 49, 2 mit Florus 2, 17, 11. Kehren wir jetzt zu Appian zurück. Ich habe mich oben zu der Ansicht bekannt, daß Appian bis II, 117 den Strabo ausschrieb; daß er demselben Autor die oben gekennzeichnete Hauptpartie unserer Periode verdankt, glaube ich nicht. Denn erstens weist es, wie Thouret ganz richtig bemerkt hat, auf einen Wechsel in der Quellenvorlage hin, wenn Appians Bericht bis II, 117 recht dürftig ist und von da ab plötzlich sehr ausführlich wird; zweitens aber wird Strabo, der am Schlusse des 6. Buches dem Octavian das denkbar höchste Lob spendet, den Antonius, den Gegner des Octavian, nicht so günstig beurteilt haben, wie es bei Appian geschieht, und schwerlich wird er über Octavian das berichtet haben, was ich oben S. 52 angeführt habe. Allerdings stimmt das, was Strabo VII, p. 490 (excerpta 17 und 20 über Philippi oder Krenides und das Pangäus-Gebirge und XVI, 2, 9 über den Ruin Laodiceas durch Dolabella berichtet, inhaltlich überein mit der Schilderung bei App. IV, 105 und 106 bezw. IV, 62, diese Übereinstimmung aber kann sehr wohl daher rühren, daß Strabo und Appian eine gemeinsame Quelle, nämlich das Geschichtswerk des Asinius Pollio, benutzten; im Widerspruch aber stehen sie mit ihren Berichten über den Erfolg der Belagerung des Bassus in Apamea durch zwei Heere der Römer, denn bei Strabo XVI, 2, 10 heißt es: *Βάσσος δὲ Καικίλιος μετὰ δυοῖν ταγμάτων ἀποστήσας τὴν Ἀπάμειαν διεκαρτέρησε τοσοῦτον πολιορκούμενος ὑπὸ δυοῖν στρατοπέδων μεγάλων Ῥωμαϊκῶν* (gemeint sind die Heere des Statius Murcus und des Marcius Crispus; s. App. IV, 58), *ὥστ᾽ οὐ πρότερον εἰς τὴν ἐξουσίαν ἧκε, πρὶν ἑκὼν ἐνεχείρισεν ἑαυτὸν ἐφ᾽ οἷς ἐξεβούλετο*, dagegen bei App. IV, 59: *Κάσσιος οὖν τήνδε τὴν πολιορκίαν σπουδῇ καταλαβών, τόν τε τοῦ Βάσσου στρατὸν αὐτίκα παρελάμβανεν ἑκόντα* — somit kann ich auch nicht an eine Benutzung des Geschichtswerkes des Strabo durch Appian glauben.

O. E. Schmidt (a. a. O.) behauptet: „Gab es griechische Quellen, so waren ihm (Appian) diese natürlich bequemer a. a. O. S. 667"; „derartige Unwahrheiten konnte doch weder der von Horatius gepriesene Asinius Pollio, noch Augustus den Zeitgenossen der Ereignisse auftischen — sie stammen entweder aus sekundären Quellen, in denen die Geschichte zu Gunsten des Antonius gefälscht war, oder wir müssen, was das Unwahrscheinlichere ist, den Appian selbst für den Fälscher halten" S. 668. Dazu bemerke ich, daß wir doch wohl einem höheren römischen Verwaltungsbeamten Appian war Prokurator des kaiserlichen

Fiskus zu Alexandria, überdies hielt er sich als Sachwalter einige Zeit in Rom auf) so viel Kenntnis der lateinischen Sprache zutrauen dürfen, daß er ohne Schwierigkeiten lateinische Quellenvorlagen für seine litterarischen Produktionen zu verwerten imstande war. Daß Appian selbst die Geschichte zu Gunsten des Antonius gefälscht haben sollte, glaube auch ich nicht; ebensowenig aber dürfen wir die Fälschung den Verfassern sekundärer Quellen zuschreiben, denn welchen Grund sollten sie zu diesen Fälschungen gehabt haben? Die Geschichte zu Gunsten des Antonius zu fälschen oder zu entstellen, konnte nur von Interesse sein für einen Parteigänger des Antonius oder einen Schmeichler, der etwa in demselben Verhältnis zum Antonius stand, wie Nikolaus von Damaskus zum Augustus. Nun hat aber, worauf ich bereits oben S. 52 hingewiesen habe, Appian mehrfach das gesetzwidrige Verfahren des Antonius schonungslos aufgedeckt, also kann ihm auch nicht ein Lobredner von der Art des Nikolaus seine Quellenvorlage geliefert haben. BAILLEU hat in scharfsinniger Weise die Ansicht entwickelt, die Darstellung des Appian in Buch II, 118 bis IV, Schluß (auf das 5. Buch gehe ich nicht ein) biete lediglich ein Excerpt aus den Historien des Asinius Pollio; dieser Ansicht schließe ich mich insofern an, als ich glaube, daß die oben gekennzeichnete Hauptpartie Appians dem Geschichtswerk des Asinius entstammt; da gegen die Ausführungen BAILLEU's mehrfach Einwendungen erhoben sind, so werde ich meine Ansicht näher begründen.

Asinius Pollio war ursprünglich im Dienste des Julius Cäsar thätig, der ihn zur Bekämpfung des Sextus Pompejus nach Spanien schickte. Von dort aus schrieb Asinius nach der Ermordung Cäsars an Cicero 3 Briefe (ad fam. X, 31—33). In dem ersten giebt er seiner Verehrung für den ermordeten Cäsar Ausdruck (31, 3: Caesarem vero, quod me in tanta fortuna modo cognitum vetustissimorum familiarium loco habuit, dilexi summa cum pietate et fide); zugleich wünscht er, daß die Bürgerkriege ein Ende haben möchten, damit er seinen litterarischen Studien nachgehen könne (31, 2: natura mea et studia trahunt me ad pacis et libertatis cupiditatem. Itaque illud initium civilis belli saepe deflevi; 31, 5: qui primum pacis cupidissimus sim, omnes enim cives plane studeo esse salvos); in den ersten zwei Briefen klagt er über schlechte Verbindung mit der Hauptstadt, oder er bittet um Instruktion (31, 4: sed consules neque senatus consulto neque litteris suis praeceperant mihi, quid facerem: unas enim post Idus Martias demum a Pansa litteras accepi: 31, 4: retinentur ab Lepido tabellarii — i. e. mei; 31, 6: illud vehementer admiror, non scripsisse te mihi, manendo in provincia an ducendo exercitum in Italiam rei publicae magis satisfacere possim; 32, 1: quid me velitis facere, constituite); in dem 3. Briefe schreibt er § 3: et tibi et consulibus et Octaviano scripsi, ut me faceretis certiorem, quonam modo plurimum possem prodesse rei publicae; dann heißt es weiter § 4, er habe aus dem Gallien des Lepidus Nachricht erhalten über die blutigen Kämpfe um Mutina, er glaube, das Vaterland sei durch Antonius in Gefahr: quae si vera sunt, nemini nostrum cessandum est nec exspectandum, quid decernat senatus; res enim cogit huic tanto incendio succurrere omnes, qui aut imperium aut nomen denique populi Romani salvum volunt esse. Daß ihm dann vom Senate Befehl erteilt wurde, gegen Antonius zu marschieren, steht App. III, 71 (ad fam. X, 32, 4 berichtet Asinius an Cicero, daß Antonius vergeblich versucht habe, ihm seine Truppen abspenstig zu machen. Offenbar war Asinius über die Vorgänge in der Hauptstadt und in Italien äußerst mangelhaft unterrichtet. Als er den Brief an Octavian schrieb, dachte er entschieden nicht im entferntesten an die Möglichkeit einer nahe bevorstehenden Aussöhnung desselben mit Antonius. Schon marschierte er, dem Befehle des Senates gehorsam, gegen den Antonius, da traf ihn ein Brief des Octavian (App. III, 81), in dem auseinandergesetzt war, wie schmachvoll der Senat den Octavian behandelt, dagegen die Mörder stets begünstigt habe, und daß die vereinigten Pompejaner nur darauf ausgingen, den ehemaligen Freunden Cäsars, dem einen nach dem andern, das Schicksal des Antonius zu bereiten; zugleich ward Asinius geboten, den Antonius für den Ausgleich günstig zu stimmen. Auf diesen Brief hin vereinigte Asinius seine Legionen mit denen des Antonius, und zugleich veranlaßte er den Plancus, sich ebenfalls mit seinem Heere dem Antonius anzuschließen (App. III, 97). Den perusinischen Krieg mißbilligte Asinius (App. V, 32: τόν τε πόλεμον ἀποδοκιμάζοντες ὅλως; gemeint sind Ventidius und seine Umgebung, zu der auch Asinius gehörte; s. App. V, 31), sein Eingreifen in die militärischen Operationen geschah nur zögernd. Als das Verhältnis zwischen

Octavian und Antonius immer gespannter wurde, suchte er zu
vermitteln, der Friede von Brundisium kam auf sein und des
Mäcenas und des Coccejus Betreiben zustande (App. V. 64).
Später zerfiel er mit Antonius; ein Grund hierfür läßt sich mit
Sicherheit nicht angeben, doch ich vermute nach den Worten
des Vell. Paterc. II, 86, 3: „— Asinius — cum neque aut vidisset
umquam reginam aut post enervatum amore eius Antonii animum
partibus eius se miscuisset", daß er in dem unwürdigen Verhältnis des Antonius zur Kleopatra zu suchen sein wird. Von
da ab zog sich Asinius ganz von der Politik zurück und widmete
sich der litterarischen Thätigkeit. Als vor Actium Octavian ihn
aufforderte, sich ihm anzuschließen, erwiderte er: „mea in An-
tonium maiora merita sunt, illius in me beneficia notiora; itaque
discrimini vestro me subtraham et ero praeda victoris (Vell.
Pat. II, 86, 3). M. E. hat BAILLEU die Parteistellung des Asinius
nicht ganz korrekt aufgefaßt; BAILLEU betont allzu sehr seine
Parteinahme für Antonius. Schon Vell. Pat. II, 63, 5 (erzählt
wird der Anschluß des Asinius an Antonius) sagt: Asinius
Iulianis partibus fidus, Pompeianis adversus", als
Cäsarianer (s. auch ad fam. X, 31, 3) und Gegner der Pompejaner
war Asinius den späteren Triumvirn beigetreten; wohl hatte er
sein Heer mit dem des Antonius vereinigt, doch veranlaßt war
er ja dazu durch einen Brief des Octavian, und dem Octavian
gegenüber hielt er sich späterhin wohl reserviert, er kann aber
nicht zu ihm in irgend welchen schrofferen Gegensatz getreten
sein, das paßt nicht zu seiner Vermittlerrolle, und wie hätte ihn
Octavian vor Actium sonst auch auffordern können, für ihn gegen
Antonius ins Feld zu ziehen? Andererseits aber nahm Asinius
den Timagenes, dem Octavian sein Haus verboten hatte, bei sich
auf, er trug also kein Bedenken, offenkundig vor jedermann an
der Handlungsweise des Octavian abfällige Kritik zu üben. Dieses
sein freimütiges Verfahren und dann wieder seine Stellung zu
Octavian nötigen uns zu dem Schlusse, daß er die politische
Thätigkeit des Octavian im ganzen beifällig beurteilt haben wird,
ohne deshalb einzelne ihm nicht angemessen erscheinende Hand-
lungen desselben zu verschweigen und abfällig zu besprechen,
d. h. er wird ungefähr so berichtet haben, wie es bei Appian
geschieht.

Zu der Zeit, als Asinius sein Geschichtswerk schrieb, war

die Historiographie zumeist in den Dienst der Parteiinteressen gestellt, vielfach verfaßten die leitenden Staatsmänner oder Feldherren zu ihrer Rechtfertigung Memoiren, oder ihre Freunde schrieben zu ihren Gunsten. Dem Einfluß dieser historiographischen Richtung konnte sich Asinius nicht entziehen: gewiß verfolgte er in seinem Geschichtswerk den Neben-, wenn nicht den Hauptzweck, sich in der öffentlichen Meinung zu salvieren. Einst hatte er an das Haupt der Senatspartei geschrieben — und dieser Brief war herausgegeben worden: s. Teuffel-Schwabe a. a. O. 4 S. 326 —: ita, si id agitur, ut rursus in potestate omnia unius sint, quicumque is est, ei me profiteor inimicum (ad fam. X, 31, 3), dann aber hatte er sich den Gewalthabern angeschlossen, den letzteren Schritt mußte er, wenn er nicht den Vorwurf der politischen Charakterlosigkeit auf sich laden wollte, motivieren, das konnte er aber am besten, wenn er in seinem Geschichtswerk alle Fehler der Senatspartei — und deren hatte sie genug begangen von der Senatssitzung am 17. März 44 an bis zur Konsulwahl des Octavian hin — aufdeckte. Nun aber steht Appian durchaus auf Seiten der Cäsarianer gegen die Senatspartei, die Undankbarkeit der letzteren gegen Octavian wird recht grell beleuchtet, die ganze Darstellung spitzt sich bei Appian daraufhin zu, daß den Cäsarianern, falls sie der Vernichtung entgehen wollten, kein anderer Ausweg blieb, als sich gegen die Senatspartei zusammenzuschließen — wer sollte demnach nicht vermuten, daß Appian seine Darstellung nach den Historien des Asinius abgefaßt hat? Auf Cicero hatte Asinius, wie Seneca suas. VI, 14 ausdrücklich überliefert hat — infestissimus famae Ciceronis — einen tiefen Haß geworfen. Ein Grund zu diesem Haß ist uns nicht bekannt: ich gebe nur einer Vermutung Raum: in seinen 3 Briefen an Cicero bittet Asinius wiederholt um Instruktion, er bietet seine Hilfe an, im dritten heißt es § 1: utinam eodem senatus consulto, quo Plancum et Lepidum in Italiam arcessissetis, me quoque iussissetis venire! profecto non accepisset res publica hoc vulnus — sicherlich wähnte er sich zurückgesetzt, er mußte glauben, man mißtraue ihm, und dem Cicero, an den er sich vertrauensvoll gewandt hatte, wird er die Schuld an allem beigemessen haben. Nach Appian ist jedoch Cicero der Haupturheber der unglücklichen Verkettung der Ereignisse, keiner der alten Autoren, die mit ihren Sympathieen nicht auf seiten Ciceros stehen (man vgl. Plut. Brut. 22, Ant. 16 und 17. Cic. 45 und 46: ferner Dio 45, 15; 16, 29 und 32; dann Vellej. Pat. II, 62, 6) urteilt so abfällig über den berühmten Redner wie gerade Appian — auch das spricht für eine Benutzung der Historien des Asinius durch Appian. Daß Appian bei der Aburteilung der Thätigkeit Ciceros oft zu stark aufträgt, hat K. Peter (a. a. O. S. 136 und 137) mit Recht hervorgehoben. III. 74 heißt es bei Appian, Cicero habe nach Besiegung des Antonius ein fünfzigtägiges Dankfest veranstaltet, ein Dankfest von so langer Dauer sei noch nicht vorgekommen; K. Peter (a. a. O. S. 135) zählt dies unter die „Übertreibungen und Unüberlegtheiten", ich gehe noch einen Schritt weiter, aus dem ganzen Zusammenhange scheint mir hervorzugehen, daß wir es hier mit einer wohlberechneten Entstellung zu thun haben.

S. 137 hebt K. Peter tadelnd hervor, daß bei Appian Octavians unverbrüchlich treue Hingebung an den Dienst für das Andenken seines Adoptivvaters überall ins hellste Licht gesetzt wird; ich meine, dieser Zug ist ein neues Indicium dafür, daß Appian die Historien des Asinius ausschrieb. Ad fam. X, 31, 3 rechnet sich Asinius unter die Freunde des Julius Cäsar, für den er die größte Verehrung an den Tag legt, mit dem Antonius, der ihm einst seine Truppen hatte abspenstig machen wollen, dagegen brach er später, und dem Octavian gegenüber war er zurückhaltend, ferner sagt ja Vellejus: Asinius Pollio Iulianis partibus fidus, Pompeianis adversus, und dieses Urteil wird sich Vellejus doch wohl zumeist auf Grund des Studiums des Geschichtswerkes des Asinius gebildet haben — demnach dürfen wir annehmen, Asinius betonte in seinem Geschichtswerk, er habe sich als alter Anhänger des Julius Cäsar und Gegner der Pompejaner deswegen den Triumvirn angeschlossen, weil Octavian von vornherein sich unverbrüchlich treu im Dienste für das Andenken seines Adoptivvaters zeigte.

Wie weit lassen sich bei Appian die Memoiren des Octavian verfolgen? Bailleu (a. a. O. S. 44 ff.) nimmt kurzer Hand an, daß sie in Buch 3 (und 5) überall dort zu Grunde liegen, wo die Person des Octavian in den Vordergrund tritt: er ist zugleich der Ansicht, daß Asinius diese Memoiren bereits in sein Geschichtswerk verarbeitete. Dagegen macht Thouret (a. a. O.

S. 343—345) mit Recht geltend, daß Octavian seine Denkwürdigkeiten erst abfaßte, als Asinius seine Historien bereits vollendet hatte; er geht aber nicht auf die durchaus zutreffende Bemerkung Bailleu's, daß auch diejenigen Abschnitte Appians, wo sich die Memoiren des Octavian nachweisen lassen, dieselbe Parteinahme für Antonius zeigen wie die übrigen, weiter ein. Illyr. 14 sagt Appian: ἐν δὲ τοῖς ὑπομνήμασι τοῦ δευτέρου Καίσαρος τοῦ κληθέντος Σεβαστοῦ παλαιότερον μὲν οὐδὲν οὐδ' ἐν τοῖς δὲ περὶ Παιόνων ἱερόν, er scheint demnach die Denkwürdigkeiten durchsucht zu haben, als es ihm, wie Kap. 13 und 14 zeigen, an Stoff mangelte. Daß er sie jedoch auch im 3. Buche der Bürgerkriege in weiterem Umfange verwandte, glaube ich nicht. Bailleu hat durchaus Recht, wenn er darauf hinweist, daß diejenigen Partieen Appians, wo Octavians Person in den Vordergrund tritt, im Geiste und Sinne des Asinius gehalten sind. Diese Partieen zeichnen sich aber durch Ausführlichkeit keineswegs vor den anderen aus, im Gegenteil ist die Darstellung Appians, was den äußeren Umfang anbetrifft, durchaus in sich abgerundet. Asinius aber war nicht ausschließlich auf die Memoiren des Augustus angewiesen, ihm standen zu seiner Belehrung die mannigfachsten Quellen zu Gebote: als Büchersammler — er gründete ja die erste öffentliche Bibliothek in Rom — mußte er mit der zeitgenössischen Litteratur vertraut sein, in den Kreisen des Mäcenas schenkte man, wie sich aus Horaz carm. II, 1 ergiebt, seinem Geschichtswerke das größte Interesse, durch diese Kreise konnte er sich ebenfalls Auskunft verschaffen über das, was einst in der Umgebung des Octavian vorgegangen war. Ferner erwäge man, daß gerade das im 3. Buche Appians fehlt, was bei Plut. Cic. 45 (s. H. Peter a. a. O. S. 130 Anm. 2 und Brut. 27 nachweislich den Memoiren entnommen ist. M. E. entstammen in dem 3. Buche Appians höchstens die Kap. 9—13 den Memoiren (Kap. 9 geht Appian ganz unvermittelt von den Ereignissen in Rom auf die in Apollonia über; in diesen Kapiteln stimmt Appian bald mit Nikolaus von Damaskus überein, bald widerspricht er ihm); daß Appian denselben noch die Reden, die er Antonius und Octavian bei ihrem ersten Zusammentreffen halten läßt, entnahm (einerlei, ob er diese Reden schon in seiner Quelle vorfand oder dieselben nach seiner Quellenlektüre selbst anfertigte), glaube ich nicht, er kann nicht auf Grund eines Studiums der Memoiren des Octavian in dem die Reden verbindenden Texte die Worte niedergeschrieben haben: χαλιψάμενος δὲ τοῖς τε λόγοις οὐχ ὅσον ἔδει τὸ πρότερον ἐς αὐτὸν ἐσχηκόσι (Kap. 18); dagegen ist es sehr wohl möglich, daß die Erwiderung des Antonius bei Plut. Ant. 16 (s. unten S. 16) aus den Denkwürdigkeiten des Octavian herrührt.

Nachweislich enthält die Darstellung Appians in Buch 2 (von Kap. 118 ab) und Buch 3 recht viele Fehler; denn obwohl K. Peter (a. a. O.) und Krause [1] verschiedene Anschuldigungen gegen Appian mit Unrecht erheben, so bleiben doch noch genug der Fehler zurück. Könnte aber der Bericht Appians diese Fehler enthalten, wenn er auf den Historien des Asinius basierte? Ich meine, ja. Einzelne Fehler beruhen sicherlich auf der Flüchtigkeit Appians; andere wiederum sind aufzufassen als beabsichtigte Entstellungen des Asinius (dahin gehören namentlich die unberechtigten Angriffe auf Cicero), und wiederum andere werden anzusehen sein als bloße Versehen des Asinius, denn man erwäge, welche Schwierigkeiten die Darstellung und besonders die chronologische Fixierung der verworrenen Ereignisse der Jahre 44 und 43 dem s. Z. in Spanien weilenden Asinius geboten haben müssen.

So drängen uns alle Umstände zu der Annahme, daß wir in dem Bericht Appians ein Excerpt aus den Historien des Asinius vor uns haben; er ist in der That, da er uns das Geschichtswerk eines Mithandelnden repräsentiert, von höherem Werte, als K. Peter, Krause und O. E. Schmidt annehmen. Neuerdings hat Heuzey (Léon Heuzey et H. Daumet, Mission archéologique de Macédoine; Paris 1876) auf einer Forschungsreise durch Thrazien und Macedonien die topographischen Angaben, welche Appian seinem Berichte über den Zug der Republikaner an der Küste Thraziens entlang und über die Kämpfe bei Philippi zu Grunde legt, als durchaus zuverlässig festgestellt; stark abgerundet sind allerdings die Zahlen, die unser Autor über die Ent-

---

1) Krause, Appian als Quelle für die Zeit von der Verschwörung gegen Cäsar bis zum Tode des Dec. Brutus; 2 Teile, Rastenburg 1879 und 1880; Einzelheiten werden ihm von Schiller a. a. O. und von O. E. Schmidt a. a. O. S. 687 ff. widerlegt; es würde mich zu weit führen, wollte ich auf seine Auseinandersetzungen eingehen, ich halte sein Verfahren, auf Grund der Schriften Ciceros allein Geschichte schreiben zu wollen, für unzulässig.

fernungen zwischen den Stellungen der einzelnen Armeen bringt, diese Abrundung scheint mir aber HEUZEY mit Recht auf das Streben der Quelle Appians nach einem gewissen Schematismus zurückzuführen (mehrfach giebt Appian eine Entfernung auf 8 Stadien = 1 röm. Meile an; toutes ces mesures sont donc groupées avec une symétrie exagérée, dans le but de présenter aux lecteurs une figure presque géométrique, que leur esprit puisse facilement concevoir; a. a. O. S. 101). Durch diese Resultate der Forschungen HEUZEY's muß aber Appian bei uns an Wertschätzung gewinnen: in den in Frage kommenden Abschnitten arbeitete Asinius entschieden nach militärischen Berichten oder nach gut geführten Tagebüchern hervorragender Mithandelnder (zu diesen Tagebüchern dürfen jedoch nicht, wenigstens nicht in erster Linie, die des Messala gezählt werden: s. oben S. 38), und in diesen Abschnitten muß auch Appian mit ziemlicher Sorgfalt excerpiert haben, um so weniger wird man geneigt sein, ihn persönlich für alle Fehler des 2. und 3. Buches verantwortlich zu machen. Die anderen Partieen sind wegen ihrer tendenziösen Färbung und wegen ihrer mannigfachen falschen Angaben allerdings nur mit Vorsicht zu benutzen, man darf sie aber keineswegs bei der Darstellung ohne weiteres bei Seite schieben, besonders da sie selbst Fehltritte der Männer aufdecken, für die sie sonst Partei ergreifen; in Sonderheit bilden sie ein gutes Gegengewicht gegen die gleichfalls oft tendenziös entstellenden und oft flüchtig und schnell hingeworfenen Schriften Ciceros.

Das Excerpt aus den Historien des Asinius suchte Appian zu ergänzen durch Nachrichten, die er Nebenquellen entlehnte. (Wenn ich oben in meiner Vergleichung eine Reihe von Stellen bei Appian als Nebenquellen entnommen hingestellt habe, so soll damit nicht gesagt sein, daß nicht auch noch andere Stellen aus Nebenquellen herrühren können.) Es stammen vielleicht aus den Memoiren des Augustus die Kap. 9 bis 13 des 3. Buches und aus Schriften von Rhetoren oder aus Livius die Abschnitte, welche die Verfolgung der Proskribierten behandeln. Daß Livius teilweise als Nebenquelle zu Grunde liegt, schließe ich auch aus III, 77. Im 4. Buche entnahm Appian eine Reihe von Nachträgen der Quelle, die auch Plutarch benutzt hat, und die ihm die Memoiren des Augustus, die Schriften des Valerius Maximus und des Nikolaus von Damaskus und die (sei es echten oder unechten) Briefe des Brutus vermittelte. In diese Quelle waren wahrscheinlich auch schon Nachrichten aufgenommen aus dem Geschichtswerk des Livius und aus den Schriften des Messala Corvinus und des Volumnius.

Wenden wir uns jetzt zu Plutarch. Auf die Fehlerhaftigkeit seines Berichtes habe ich bereits mehrfach oben aufmerksam gemacht, hier will ich noch hervorheben, daß Plutarch in seiner Darstellung durchaus Partei ergreift für M. Brutus, und zwar zum Teil auf Kosten der Wahrheit (wo die Mörder in ihrer Gesamtheit den Cäsarianern gegenübertreten, bekundet er selbstverständlich ihnen allen seine Sympathie; er nennt sie alsdann meistens οἱ περὶ Βροῦτον). Gleich im Beginn unserer Periode muß es auffallen, daß Plutarch wiederholt gerade das Gegenteil von dem meldet, was Nikolaus von Damaskus und Appian berichten. Ich habe hierbei die bereits S. 11 angeführten Stellen im Auge, die ich der Übersichtlichkeit wegen hier noch einmal folgen lasse. Es heißt bei Nikolaus von Damaskus im βίος Καίσαρος Kap. 15: οἱ σφαγεῖς ἔφευγον θέοντες διὰ τῆς ἀγορᾶς εἰς τὸ Καπιτώλιον; Caes. 67: ἐχώρουν εἰς τὸ Καπιτώλιον οἱ φεύγουσιν ἐοικότες; App. II, 118: ἀπέθανον ἱερόι (τῶν βουλευτῶν), πολὺς δὲ καὶ ἄλλος ἀστῶν τε καὶ ξένων ἐγίγνετο φόνος — τά τε ὤνια ἡρπάζετο; Brut. 18: ὡς δ' οὔτε φόνος ἄλλος οὔθ' ἁρπαγή τινος ἐγίνετο τῶν κειμένων. Es ist nicht unglaubwürdig, daß in dem Gedränge nach der Mordthat einzelne Verwundungen vorkamen (App. II, 118), und daß auch der Pöbel und die aus dem Theater hervorbrechenden Fechter des Dec. Brutus sich mancherlei Gewaltthaten schuldig machten; wenn aber Appian von zahlreichen Mordthaten und regelrechten Plünderungen spricht (mit dieser Angabe steht er allein da), so ist das entschieden auf eine Übertreibung seiner Quelle zurückzuführen. Im übrigen haben wir hier m. E. Appian und Nikolaus zu folgen, denn am Schlusse von Brut. 18 gesteht Plutarch selbst, daß Brutus wegen der drohenden Haltung des Volkes eine Belagerung des Kapitols fürchtete, mithin wird der Rückzug der Mörder auf die Burg den Charakter einer Flucht an sich getragen haben. Die eben angeführten Stellen verdienen jedoch noch weiter Beachtung: aus dem Wortlaut bei Plutarch scheint mir hervorzugehen, daß

wir es hier mit einer versteckten Polemik des plutarchischen
Berichtes gegen die cäsarfreundliche Tradition, von der uns Über-
bleibsel bei Nikolaus und Appian vorliegen, zu thun haben
wäre nicht anderswo von Plünderungen die Rede gewesen, wie
käme Plutarch zu der Bemerkung „kein Toter wurde geplündert",
zumal da nach ihm ja niemand getötet wurde, und es ist schwer
einzusehen, weshalb er seinem Berichte noch ausdrücklich ver-
stärkend hinzufügte οἱ φεύγοντιν ἐοικότες, wenn es nicht anderswo geheißen hätte, die Verschworenen wären auf das Kapitol
geflohen (s. noch S. 76). Ein anderer auffallender Gegensatz
zwischen Appian und Plutarch ist das μιαιφονοί bezw. καθαρόν
bei Appian (s. K. Peter a. a. O. S. 136) und das μιγάδες bei
Plutarch (s. oben S. 12; auch hier ist man unwillkürlich versucht, anzunehmen, daß dieser Gegensatz kein zufälliger ist.
Hervorzuheben ist ferner, daß Plutarch über die Teilnahme der
Fechter des Dec. Brutus an dem Zuge auf das Kapitol schweigt
(die Fechter hatten nach dem glaubwürdigen Zeugnisse Dios
44, 16 die Bestimmung, den Mördern beizustehen, falls die Senatoren dem Cäsar zu Hilfe eilen sollten — die Verschworenen
schreckten also keineswegs vor einem event. weiteren Blutver-
gießen zurück); allerdings könnte ja die Erwähnung dieser Fechter
aus Zufall unterblieben sein, allein eine wilde Fechterbande paßt
überhaupt nicht als Staffage auf das schönfarbige Bild, das
Plutarch von den Vorgängen unmittelbar nach der Mordthat
entwirft. Brut. 19 bezw. Cäs. 67 (s. auch Ant. 14 und Cic. 42
heißt es bei Plutarch, daß am 17. März im Senat u. a. beschlossen
wurde, die Konsuln sollten einen Antrag auf Ehrenbezeugungen
für die Verschworenen stellen. daß am folgenden Tage den Verschworenen gebührende Ehren (ἀριστοποιήσας ἡμᾶς zuerkannt
wurden, und daß man ihnen Provinzen verlieh (διένεμε, dem
M. Brutus Kreta, dem Cassius Libyen, dem Trebonius Asien,
dem Cimber Bithynien, dem Dec. Brutus das cisalpinische Gallien,
so daß nunmehr alles Friede und Eintracht atmete. Diese Nachricht ist falsch. Man könnte vermuten, dem Plutarch sei eine
lateinische Quellenvorlage nicht „klar gewesen" (vgl. Schiller
a. a. O. S. 5); ich sehe aber nicht ein, durch welches Mißver-
ständnis Plutarch veranlaßt sein sollte, zu berichten, den Mördern
seien besondere Ehrenbezeugungen zugedacht und beschlossen,
und dem Brutus und Cassius seien schon damals Kreta und

Libyen verliehen, in der in Frage stehenden Senatssitzung ist von einer Provinzverleihung (διανομή) mit keinem Worte die Rede gewesen, es wurden nur die Anordnungen Cäsars bestätigt, mithin verblieb Brutus und Cassius die Anwartschaft auf Macedonien bezw. Syrien, Kreta und Libyen können gar nicht erwähnt sein — das Ganze macht auf mich den Eindruck einer Entstellung, die bereits Plutarchs Quelle brachte, und zwar in der Absicht, darzuthun, wie wenig man unter der Nobilität von vornherein in der Beseitigung des Gewalthabers ein fluchwürdiges Verbrechen sah, nachdem schon kurz vorher (Cäs. 67) hervorgehoben war, daß das Volk durch ehrerbietiges Schweigen kundgethan hatte, wie sehr es den Brutus ehre. Brut. 21 hat Plutarch mehrere wenig glaubwürdige Angaben, mit denen er allein dasteht, und die von entschiedener Parteinahme für die Mörder zeugen, daß nämlich der Senat diejenigen, welche am Tage der Leichenrede die Häuser der Verschworenen angriffen, verhaften, dagegen die Mörder des Cinna unbehelligt ließ, und daß M. Brutus deswegen nicht zu den apollinarischen Spielen nach Rom kam, weil sich die Veteranen Cäsars in kleinen Trupps in die Stadt schlichen (παρεισρέοντας), um ihn zu töten. Brut. 29 stellt Plutarch einen Vergleich zwischen den Charakteren des Brutus und Cassius an. Denselben Vergleich bringt App. IV, 123 und 133, er urteilt aber wesentlich anders. Es heißt bei Appian über Cassius IV, 133: ὁ μὲν Κάσσιος ἀμεταστρεπτί, καθάπερ ἐς τὸν ἀγωνιστὴν οἱ μονομαχοῦντες, ἐς μόνον τὸν πόλεμον ἀφεώρα, und IV, 123: αἴτιον δὲ τούτων ἦν αὐτὸ τὸ Βροῦτον ἐπιεικῆ καὶ φιλόφρονα ἐς ἅπαντας εἶναι, καὶ ἀνόμοιον Κασσίῳ αὐστηρῷ καὶ ἀρχικῷ περὶ πάντα γεγενημένῳ. In diesen Aussprüchen soll — namentlich in dem ersten — augenscheinlich ein leiser Tadel liegen, sie enthalten aber im Grunde für einen Mann in der Stellung und in der Lage des Cassius ein Lob. Hören wir jetzt Plutarch: er sagt Brut. 29: ἦν δὲ δόξα, Κάσσιον μὲν εἶναι δεινὸν ἐν τοῖς πολεμικοῖς, ὀργῇ δὲ τραχὺν καὶ φόβῳ μᾶλλον ἄρχοντα, πρὸς δὲ τοὺς συνήθεις ὑγρότερον τῷ γελοίῳ καὶ φιλοσκώπτην . . . Κάσσιον δὲ τοῦτον, σφοδρὸν ἄνδρα καὶ θυμοειδῆ καὶ πολλαχοῦ πρὸς τὸ κερδαλέον ἐκφερόμενον τοῦ δικαίου, παντὸς μᾶλλον ᾤοντο πολεμεῖν καὶ πλανᾶσθαι καὶ κινδυνεύειν αὑτῷ τινα δυναστείαν κατασκευαζόμενον, οὐκ ἐλευθερίαν τοῖς πολίταις. Bemerkenswert ist, daß Plutarch behauptet, Cassius habe nach einer Art Prinzipat *δυναστείαν τινά*) getrachtet; für diese Behauptung bringt aber Plutarch nicht einen einzigen Beweis, und aus keiner Handlung des Cassius geht hervor, daß dem Cassius ein solches Streben innewohnte. SCHILLER macht das Urteil Plutarchs gegenüber der ausdrücklichen Behauptung Appians (IV, 133) *ἦν τε πρόφασις αὐτοῖς Βρούτῳ καὶ Κασσίῳ τοῦ πόνου, καὶ ἐπὶ Πομπηΐου καὶ νῦν, οὐχ ὑπὲρ σφῶν αὐτῶν, ἀλλ' ὑπὲρ δημοκρατίας* zu dem seinigen, er weist indes selbst darauf hin (a. a. O. S. 9 Anm. 4), daß Cassius nicht, wie Brutus es that, seinen Kopf auf Münzen setzen ließ. Ferner soll Cassius *ὀργῇ τραχύς, σφοδρὸς* und *θυμοειδής* (man vergleiche damit das viel mildere *αὐστηρός* und *ἀρχικός* bei Appian) gewesen sein — für diese schlimmen Charaktereigenschaften des Cassius haben wir keine Belege, dagegen wissen wir, daß die Syrer ihn im Jahre 44 mit offenen Armen aufnahmen, weil er bei ihnen aus der Zeit seiner Quästur in gutem Andenken stand (Dio 47, 28), ich meine, ein Zweifel an der Richtigkeit der Behauptung Plutarchs ist berechtigt. Der schlimmste Vorwurf aber, den Plutarch gegen Cassius erhebt, ist der, daß Cassius aus Gewinnsucht vielfach vom Weg des Rechts abwich. Damit steht zunächst wieder die Behauptung Appians in Widerspruch, daß die Tugend des Cassius, abgesehen von dem Verbrechen an Cäsar, über jeden Zweifel erhaben war (IV, 132), ebensowenig läßt sich damit die eben angeführte Anhänglichkeit der Bewohner Syriens an Cassius in Einklang bringen. Ist dieser Vorwurf berechtigt, so muß dem Cassius nachgewiesen werden können, daß er sich zu seiner persönlichen Bereicherung an fremdem Eigentum vergriff (wenn Cassius das für Kriegszwecke nötige Geld mit rücksichtsloser Härte aufbrachte, so kann dies nicht in Frage kommen); diesen Nachweis können wir an der Hand des uns Überlieferten nicht führen, dagegen wissen wir bestimmt, daß Brutus sich von schnödem Eigennutz nicht fern hielt (Cic. ad Att. VI, 1, 4; SCHILLER a. a. O. S. 8; DRUMANN a. a. O. IV, S. 20 ff.). Plutarch hätte also, wenn er ein wohlunterrichteter und unparteiischer Geschichtschreiber gewesen wäre, zum mindesten den gegen Cassius geschleuderten Vorwurf auch gegen Brutus erheben müssen. Wie wenig abgeklärt übrigens die Ansicht des Plutarch über den Charakter des Cassius ist, ergiebt sich aus einer Vergleichung von Brut. 8 und 9 mit Brut. 29. Brut. 8 heißt es: *Κάσσιος*, ἀνὴρ δημοειδὴς καὶ μᾶλλον ἰδίᾳ μισοκαῖσαρ ἢ κοινῇ μισοτύραννος; dann erzählt Plutarch, Cassius solle λέγεται) wegen Privatzwistigkeiten den Cäsar gehaßt haben. Kap. 9 erklärt er diese Angabe für unrichtig (οὐκ ὀρθῶς λέγοντες und beweist durch eine Anekdote aus der Jugendgeschichte des Cassius, daß Cassius schon als Knabe ein Tyrannenhasser war. Nichtsdestoweniger aber nähert er sich Brut. 29 wiederum stark der von ihm Kap. 9 verworfenen Ansicht und behauptet, Cassius habe nicht seinen Mitbürgern die Freiheit, sondern sich eine Art Prinzipat erkämpfen wollen (auch das δημοειδής kehrt wieder). Hören wir jetzt, wie Plutarch sich über Brutus äußert; es heißt Brut. 29: Βροῦτον δὲ λέγουσι δι᾽ ἀρετὴν φιλεῖσθαι μὲν ὑπὸ τῶν πολλῶν, ἐρᾶσθαι δ᾽ ὑπὸ τῶν φίλων, θαυμάζεσθαι δ᾽ ὑπὸ τῶν ἀρίστων, μισεῖσθαι δὲ μηδ᾽ ὑπὸ τῶν πολεμίων, ὅτι πρᾷος ὁ ἀνὴρ διαφερόντως καὶ μεγαλόφρων καὶ πρὸς πᾶσαν ὀργὴν καὶ ἡδονὴν καὶ πλεονεξίαν ἀπαθής, ὄρθιον δὲ τὴν γνώμην καὶ ἄκαμπτον ἑστῶσαν ὑπὲρ τοῦ καλοῦ καὶ δικαίου διαφυλάττων. Καὶ μέγιστον ὑπῆρχεν αὐτῷ πρὸς εὔνοιαν καὶ δόξαν ἡ τῆς προαιρέσεως πίστις. An allgemeinen Lobeserhebungen läßt Plutarch es also nicht fehlen, wo er aber mit positiven Angaben zu Gunsten seines Helden hervortritt, geschieht es nicht immer mit Glück. Brut. 32 berichtet Plutarch, daß Cassius von den Rhodiern 8500 Talente erpreßte, während Brutus die Lykier mit äußerster Milde behandelte und ihnen nur eine Kontribution von 150 Talenten auferlegte. Es ist sehr wohl möglich, daß die Beute, welche Cassius in der reichen Handelsstadt Rhodos machte, bedeutend größer war als die des Brutus in Lykien; nichtsdestoweniger kann es keinem Zweifel unterliegen, daß die von Brutus erpreßte Summe von Plutarch viel zu gering angegeben ist. Es mußte dem Brutus doch klar sein, daß er, um die Legionen für den Kampf um die Existenz der Republik an sich zu ketten, vor allen Dingen großer Geldmittel bedurfte, und sollte der Mann, der kein Bedenken getragen hatte, zur Rettung der Republik den Mordstahl zu zücken gegen das Herz seines Wohlthäters, und der sich einst in unrechtmäßiger Weise durch das Gut der Provinzialen persönlich bereichert hatte, in einer Anwandlung von Milde und Großmut Bundesgenossen der Triumvirn so ungemein glimpflich behandelt haben? Da klingt es glaubwürdiger, wenn App. IV, 81 erzählt, daß Brutus sich in Patara alles Gold und Silber ausliefern ließ, welches der Stadt gehörte, und auch jedem einzelnen Bürger unter Androhung von Strafe und Aussetzung von Angeberlohn befahl, seine Schätze abzuliefern, gerade wie Cassius zu Rhodus verfügt hatte (nach Dio 17, 33 nahm Cassius den Rhodiern nur ihre Schiffe und die dem Staate und den Tempeln gehörigen Gelder und Schätze außer dem Wagen des Sonnengottes, Dio urteilt demnach über das Verfahren des Cassius noch günstiger als Appian). Bekanntlich wurde die wirtschaftliche Blüte Vorderasiens durch die Aussaugungen während der letzten Kämpfe um die römische Republik vernichtet; daß auch Brutus sein gut Teil dazu beitrug, ist durch die Angabe Plutarchs vertuscht. Nach Plut. Brut. 30 verlangte Brutus von Cassius, dieser solle ihm einen Teil des von ihm aufgebrachten Geldes geben, worauf Cassius ihm trotz der Abmahnungen seiner Freunde den dritten Teil auszahlte — wenn also Brutus den Cassius das mit der Herbeischaffung des Geldes unauflöslich verbundene Odium allein auf sich laden ließ und dann wiederum einen Teil dieses Geldes für sich in Anspruch nahm, so war dies unbestreitbar recht klug, aber wenig freundschaftlich gehandelt. Brut. 33 zieht Plutarch eine neue Parallele zwischen der Handlungsweise des Brutus und der des Cassius, die ebenfalls wenig günstig für Cassius ausfällt (s. oben S. 29); ob die dort gemachten Angaben auf Wahrheit beruhen, oder ob dort wieder eine Entstellung vorliegt, muß dahingestellt bleiben, da außer Plutarch niemand über die in Frage kommenden Ereignisse berichtet hat. Was das Urteil des Appian über den Brutus betrifft, so lautet dasselbe keineswegs ungünstig. IV, 133 rühmt Appian die Liebe des Brutus zu den Wissenschaften und IV, 132 hebt er ausdrücklich hervor, daß die Tugend des Brutus, abgesehen von dem an Cäsar begangenen Verbrechen, über jeden Zweifel erhaben war, andererseits aber stellt er auch ganz richtig die allzu große Nachgiebigkeit des Brutus als die Ursache zur Niederlage der Republikaner hin. In der That war das Verhalten des Brutus vor der zweiten Schlacht bei Philippi ein recht energieloses und schwaches; ein Mann in autoritativer Stellung muß vor allem seiner Autorität Geltung verschaffen können, diese Eigenschaft fehlte dem Brutus gänzlich, er zeigte sich der Situation durchaus nicht gewachsen, und dadurch, daß er die Kampfeslust seiner Legionen und Tribunen nicht in

Schranken hielt, hat er den Untergang der römischen Republik zum mindesten stark beschleunigt. Plutarch jedoch wälzt Brut. 47 die Schuld ausdrücklich von der Person des Brutus ab und bürdet sie der Gottheit auf, die dem Brutus die Nachricht, daß seine Schiffe im Ionischen Meere die Flotte der Triumvirn vernichtet hätten, verborgen habe; wäre, so behauptet Plutarch, dem Brutus dies für ihn so bedeutungsvolle Ereignis bekannt geworden, so hätte er sich unter keinen Umständen auf eine zweite Schlacht eingelassen, während Appian berichtet, daß Brutus von dem Siege seiner Flotte Kenntnis hatte (IV, 123). Daß unsere beiden Historiker über die unmittelbare Veranlassung zur ersten Schlacht bei Philippi sich widersprechende Angaben machen, ist bereits oben bemerkt. SCHILLER folgt denen des Plutarch, „der die Berichte von Augenzeugen vor sich hatte" (a. a. O. S. 72). Ich glaube aber nicht, daß er damit das Richtige getroffen hat; denn erstens haben sich die topographischen Angaben Appians als durchaus zuverlässig erwiesen, er entnahm dieselben also einer guten Quelle, folglich dürfen wir ohne triftigen Grund seine übrigen Nachrichten, die mit den topographischen Angaben im engsten Konnex stehen, nicht beiseite schieben, und dann klingt mir das, was Appian über die unmittelbaren Vorgänge vor der Schlacht erzählt, weit glaubwürdiger als das, was Plutarch nach den Berichten jener „Augenzeugen" niedergeschrieben hat. Nach App. IV, 109 ließ Antonius, um an die Rückzugsstraße der Feinde zu gelangen, einen Damm durch die Sümpfe zwischen der Ebene und dem Meere ziehen, nach Plut. Brut. 41 dagegen wollte Antonius jene Sümpfe durch Abzugsgräben, die nach der Ebene (!) gegraben wurden, trocken legen und sie auf diese Weise für militärische Kolonnen gangbar machen; m. E. war die von Appian mitgeteilte Maßregel zweckentsprechend, die von Plutarch angegebene aber in kürzerer Zeit nicht durchführbar. Brut. 40 erzählt Plutarch: „Am Morgen des festgesetzten Schlachttages kamen Brutus und Cassius zwischen ihren Lagern zu einer Besprechung zusammen; bei dieser Gelegenheit bat Brutus den Cassius, den rechten Flügel führen zu dürfen, welche Aufgabe eigentlich dem Cassius wegen seiner Erfahrung und seines Alters zukam." Bisher hatten die Heere in getrennten Lagern gestanden, das des Brutus hatte den rechten Flügel inne; sollte man nun wirklich die Möglichkeit

der Führung des Heeres des Brutus durch Cassius ins Auge
gefaßt und dann wiederum noch im letzten Augenblicke die Verteilung der höchsten Kommandostellen erörtert haben? War es
denn nicht selbstverständlich und notwendig, daß in der entscheidenden Stunde ein jeder der beiden Feldherren die Truppen
führte, die er gesammelt und ausgebildet hatte? Oder sollten
gar die Legionen so aufmarschieren, daß die des Cassius das
Lager des Brutus und die des Brutus das Lager des Cassius
im Rücken hatten? Nach dem Berichte Plutarchs nahm an dem
Siege des Brutus einen hervorragenden Anteil M. Messala Corvinus; denn kurz vor Beginn des Kampfes nahm er auf Befehl
des Cassius mit der streitbarsten der Legionen auf dem äußersten
rechten Flügel des Brutus Stellung (Brut. 40), und mit dieser
Legion umging er den linken Flügel der Feinde und erstürmte
von der linken Flanke her das feindliche Lager, wo ein großes
Blutbad angerichtet ward (Brut. 41). Das Ganze klingt recht
verdächtig; denn (vorausgesetzt, die Schlacht war von den Republikanern wirklich geplant) sollte Cassius, der den thatkräftigen
und kriegstüchtigen Antonius sich gegenüber wußte (s. App. IV,
107), bei der strategischen Wichtigkeit gerade seiner Stellung
(Schiller a. a. O. S. 72) durch die (wiederum erst im letzten
Augenblicke angeordnete) Detachierung seiner besten Legion
seine Streitkräfte geschwächt haben? Daß aber die detachierte
Legion bisher dem Heeresverbande des Cassius angehörte, ergiebt
sich daraus, daß es Cassius war und nicht Brutus, der jenen
Befehl erteilte, und daß Plutarch unmittelbar nach der in Frage
stehenden Notiz fortfährt mit den Worten καὶ Βροῦτος ηὐθὺς
ἐξῆγε τοὺς ἱππεῖς καὶ τὸ πεζὸν οὐ σχολαίτερον παρενέβαλλεν.
Appian hat uns den Hergang der ersten Schlacht bei Philippi
ausführlich geschildert, die Flankierung der feindlichen Stellung
durch Messala hat er mit keinem Worte angedeutet. Auf Grund
seines Berichtes von der ersten Schlacht bei Philippi behauptet
alsdann Plut. Brut. 44: ἡμάρτηται δὲ τὸ ἔργον, ὅτι ὁ Βροῦτος
τῇ μάχῃ περιέσεσθαι καλῶς ἐλάνθανεν — er stempelt also
seinen Helden zu einem großen Feldherrn, der in Sonderheit die
Gabe des militärischen Scharfblickes vor Cassius, welcher erst
zur Schlacht hatte überredet werden müssen, voraus hatte; folgt
man aber dem Berichte Appians, so kann man in die Lobeserhebungen Plutarchs nicht einstimmen. Ferner bewahrte Brutus,

wie Plut. Brut. 49 ausdrücklich hervorhebt, seine großen
Feldherrngaben in der zweiten Schlacht bei Philippi; denn anfänglich siegte er auf dem rechten Flügel vollständig, und die
Schlacht ging erst für die Republikaner verloren, als ihr linker
Flügel von den Feinden durchbrochen und Brutus umgangen
wurde. Dann aber, und das ist das Auffallende, kam Brutus,
trotzdem er bereits den geschlagenen feindlichen Flügel mit
Nachdruck verfolgen konnte (προϊλθεν ἐκτείμενος), plötzlich in
solche Bedrängnis, daß er nur durch die List des Lucilius vor
der Gefangennahme bewahrt blieb und mit nur wenigen Begleitern
aufs Gebirge entkam. Appian weiß von einem anfänglichen Siege
des Brutus nichts, nach ihm wurden die Republikaner nach
hartnäckigem Widerstande auf der ganzen Linie geworfen; ihre
Niederlage war eine entscheidende, doch hielten sie noch ihr
Lager besetzt, und Brutus konnte sich mit ungefähr 14 000 Mann
auf das Gebirge zurückziehen — auch hier gebe ich der Darstellung Appians durchaus den Vorzug. Noch in der Nacht nach
der Schlacht stürzte sich nach Plut. Brut. 51 und 52 Brutus,
die Aufforderung seiner Freunde, an seine Rettung zu denken,
von sich weisend, nach mancherlei schönen philosophischen Betrachtungen in sein Schwert. Augenscheinlich bemüht sich
Plutarch, das Ende seines Helden mit einem gewissen Nimbus
zu umkleiden. Anders berichtet Appian: seine Erzählung ist,
wenn man von den Nachträgen aus der Quelle Plutarchs absieht,
weniger pathetisch, sie klingt aber wahrscheinlicher. Nach App.
IV, 131) ließ Brutus am Morgen nach der Schlacht die Legionen
um ihn auffordern, sich mit ihm in ihr von den Kameraden bewachtes Lager durchzuschlagen; als aber die Legionen dieses
Ansinnen ablehnten, und als Brutus demnach seine Sache, die
ja zugleich die Sache der Republik war, ganz verloren sah, da
erst gab er sich unter den Worten „so kann ich dem Vaterland
nichts mehr nützen" den Tod.

Wenn Cassius, der Freund des Brutus, von Plutarch grundlos
angeschuldigt wird, so dürfen wir uns nicht wundern, daß Plutarch den Antonius fast auf jede nur mögliche Weise herabsetzt.
H. Peter (a. a. O. S. 142) macht mit Recht darauf aufmerksam,
daß Plutarch in der Biographie des Antonius meistens gegen
seinen Helden, bisweilen auch für denselben Partei ergreift, in
den von mir untersuchten Kapiteln findet sich nur eine einzige

Stelle (Kap. 17), wo dem Antonius Anerkennung gezollt wird (wegen seiner Enthaltsamkeit auf dem Rückzuge aus Italien). Ferner erweist sich Plutarch dem Cicero als wenig günstig gesinnt: durch seine Eitelkeit und Herrschsucht und dadurch, daß er seinem blinden Haß gegen Antonius die Zügel schießen läßt, fügt der alternde Cicero der von den Mördern und in Sonderheit von M. Brutus vertretenen guten Sache den größten Schaden zu. Diese Anschauung finden wir vertreten nicht nur in der Vita des Cicero selbst, sondern auch in der des Antonius (Kap. 17 und in der des Brutus (Kap. 22). Was aber Plutarch in der Vita des Cicero von der Eitelkeit und Herrschsucht und dann wiederum von der Furchtsamkeit und Kurzsichtigkeit des Cicero erzählt, ist in so starken Farben aufgetragen, daß es ohne Bedenken als übertrieben bezeichnet werden darf vgl. H. Peter a. a. O.).

So viel zur Charakteristik des plutarchischen Berichtes. Ich habe mich nachzuweisen bemüht, daß die plutarchische Darstellung in ihren Hauptmomenten durchgehends dieselbe charakteristische, zu Gunsten des M. Brutus oder der Verschworenen insgesamt) gefärbte Abweichung von der durch Appian repräsentierten Überlieferung des Asinius bezw. der des Nikolaus von Damaskus aufweist, und daß Plutarch mit seinen abweichenden Angaben wenig Glauben verdient. Im Beginn unserer Darstellung deutete der Wortlaut einzelner Stellen darauf hin, daß die Darstellung Plutarchs eine versteckte Polemik gegen anderweitig Überliefertes in sich schließt; ob auch andere Abweichungen, wie die Angabe über das Verhalten des Brutus gegen die Lykier und die Bemerkung, Brutus hätte sich unter keinen Umständen auf eine neue Schlacht eingelassen, falls ihm der Sieg seiner Flotte bekannt gewesen wäre, eine versteckte Polemik in sich bergen, läßt sich nicht sagen. Wem verdankt nun Plutarch die Nachrichten, die er uns überliefert hat? Die Beantwortung dieser Frage ist um so bedeutungsvoller, da doch wohl niemand bestreiten wird, daß die charakteristische Färbung des plutarchischen Berichtes aus Plutarchs Quellenvorlage herrührt. Konstatieren wir zunächst, in welchem Verhältnis die einzelnen Viten zu einander stehen. Jede der vier Biographieen hat natürlich ihre besonderen Eigentümlichkeiten, und in jeder derselben werden Thatsachen berichtet, die wir in den anderen vermissen; dennoch läßt sich nachweisen, daß der Grundstock der Erzählung in sämtlichen vier Viten im großen und ganzen aus derselben Quelle hergeflossen sein muß, da die vier Viten nicht allein dieselbe Beurteilung der Personen und Dinge zeigen, sondern auch mannigfache Übereinstimmungen und wörtliche Anklänge untereinander aufweisen. Derartige Übereinstimmungen kommen vor:

a) zwischen allen vier Biographieen:
1) in dem Bericht über die Beschlüsse des Senates am 17. März 44 etc. (Brut. 19, Cäs. 67, Ant. 14 und Cic. 42; die geringen Abweichungen rühren sicherlich von Plutarch selbst her);
2) in der Erzählung von den tumultuarischen Vorgängen bei der Bestattung der Leiche Cäsars (Cäs. 68; Ant. 14; Brut. 20; Cic. 42);

b) zwischen Cäsar, Antonius und Brutus in dem Bericht über die Flucht des Antonius nach der Ermordung Cäsars (Cäs. 67; Ant. 14; Brut. 18);

c) zwischen Cäsar und Brutus:
1) in dem Bericht über die Panik nach der Ermordung Cäsars (Cäs. 67; Brut. 18);
2) in dem Bericht über die Ermordung Cinnas (Cäs. 68; Brut. 20);
3) in dem Bericht über die Traumerscheinungen des Brutus (Cäs. 69; Brut. 36 und 48);
4) in dem Bericht über den Tod des Brutus (Cäs. 69 und Brut. 52);

d) zwischen Antonius und Cicero:
1) in der Bemerkung über den Einfluß und das Verfahren Ciceros (Cic. 45; Ant. 17);
2) in dem ganzen Berichte über den Abschluß des Triumvirats (Ant. 19; Cic. 46; s. unten S. 75);

e) zwischen Brutus und Antonius:
1) in dem Bericht über das erste Auftreten des Octavian in Rom (Brut. 22 und Ant. 16);
2) in der Angabe über das Verhalten Octavians in der ersten Schlacht bei Philippi (es ist das diejenige Stelle, die aus den Memoiren des Octavian hergeflossen ist, Ant. 22 und Brut. 41);

3) in der Bemerkung, Antonius sei in der ersten Schlacht bei Philippi nicht zugegen gewesen. Brut. 12 und Ant. 22;

4) in der Angabe über die Hinrichtung des Hortensius (Ant. 22 und Brut. 28;

5) in der Angabe über die Großmut des Antonius bei der Bestattung der Leiche des Brutus. Ant. 22 und Brut. 53).

An Widersprüchen zwischen den einzelnen Viten, die man geneigt sein möchte auf die Benutzung verschiedener Quellen zurückzuführen, sind mir nur zwei aufgefallen: 1. Nach Cäs. 67 gingen die Vornehmen zugleich mit den Mördern auf das Kapitol, nach Brut. 18 scheinen sie erst nachträglich zu jenen hinaufgestiegen zu sein: da nun nach Dio 44, 21, der vielfach dem Livius folgte, die Vornehmen sich erst gegen Abend auf das Kapitol begaben, so ist es nicht unwahrscheinlich, daß Plutarch im Brutus neben seiner gewöhnlichen Quelle auch noch den Livius herangezogen hat. 2) Die Zahl der Proskribierten wird Brut. 27 auf 200, Cic. 46 auf über 200 und Ant. 20 auf 300 angegeben; nun stimmen die Erzählungen von der Errichtung des Triumvirats (im Brutus ist diese Erzählung äußerst kurz gehalten) im Antonius und im Cicero durchaus miteinander überein, und zwar zum Teil unter wörtlichem Anklang (Cic. 46: ὥσπερ ἄλλο τι κτῆμα τὴν ἡγεμονίαν ἐνείματο πρὸς αὑτούς; Ant. 19: διενείματο τὴν σύμπασαν ἀρχὴν ὥσπερ οὐσίαν πατρῴαν ἀλλήλοις; Cic. 46: ἐγίνοντο δ᾽ αἱ σύνοδοι ἐφ᾽ ἡμέρας τρεῖς καὶ συνῄεσαν εἰς τόπον ποταμῷ περιρρεόμενον; Ant. 19: καὶ συνελθόντες οἱ τρεῖς εἰς νησῖδα ποταμῷ περιρρεομένην ἐπὶ τρεῖς ἡμέρας συνῆδρευσαν). ich nehme demnach an, die Abweichung in der Zahlenangabe rührt daher, daß Plutarch die Zahlen, die er in seiner Quelle fand, ungleich abrundete.

Während also Plutarch den Grundstock der Erzählung in seinen vier Viten im großen und ganzen derselben Quelle entlehnte, hat er für die Vita des Cicero und dann wiederum für die des Brutus noch je eine besondere Quelle benutzt, nämlich für die Vita des Cicero die Monographie, welche Tullius Tiro über das Leben seines Herrn herausgab, und für die Vita des Brutus ein Schriftchen, das Bibulus über seinen Stiefvater Brutus geschrieben hatte. Die Monographie des Tiro kann von Plutarch nicht in stärkerem Maße herangezogen sein, da sonst das Urteil Plutarchs über Cicero sicherlich weniger abfällig lauten würde, und da Plutarch (Cic. 49) sich auf sie nur beruft, um zu konstatieren, daß Tiro über das Ende Ciceros anders berichtete, als von ihm — Plutarch — geschehen ist. Aus dem Schriftchen des Bibulus hat Plutarch eine Anekdote über das Verhalten der Porcia entnommen (Brut. 23); inwieweit es sonst noch benutzt ist, läßt sich nicht feststellen. Plutarch wird das Schriftchen selbst in der Hand gehabt haben, da er sich über dasselbe folgendermaßen äußert (Brut. 13): καί τι βιβλίδιον μικρὸν ἀπομνημονευμάτων Βρούτου γεγραμμένον ὑπ' αὐτοῦ (τοῦ Βύβλου) διασώζεται. Im übrigen citiert Plutarch die Briefe des Brutus (Brut. 21, 22, 29, 53; Cic. 45), die Memoiren des Octavian (Brut. 27 und 41, Ant. 22 und Cic. 45), den Messala Corvinus (Brut. 40, 42, 45), den Volumnius (Brut. 48 und 51) und schließlich den Nikolaus von Damaskus und den Valerius Maximus (Brut. 53). Was mit voller Sicherheit auf die eben genannten Schriften zurückzuführen ist, ergiebt sich leicht aus der Darstellung Plutarchs selbst. Edm. Ruete (Die Korrespondenz Ciceros in den Jahren 44 und 43; Straßburger Dissertation von 1883) äußert (S. 61): „Daß Plutarch die von ihm mehrfach citierten Briefe des Brutus selbst sollte durchgearbeitet haben, ist nach dem jetzigen Stande der Forschung überaus unwahrscheinlich"; diese Auffassung teile ich, zugleich bin ich aber auch mit Unger der Ansicht, daß das Schriftchen des Bibulus dem Plutarch höchstens einen Teil der Briefe des Brutus vermittelt haben kann, mindestens ein Teil der genannten Briefe wurde dem Plutarch vermittelt durch dasselbe Sammelwerk, durch welches er auch die Schriften des Nikolaus von Damaskus und des Valerius Maximus s. oben S. 4 und die Memoiren des Octavian benutzte. (Da für Plutarchs Quelle Nikolaus von Damaskus benutzt ist, so ist es um so wahrscheinlicher, daß das oben S. 65 erörterte οἳ φεύγουσιν ἐοικότες zur Widerlegung der Behauptung des Nikolaus niedergeschrieben ist.) Wer war nun der Verfasser dieses Sammelwerkes? Es war weder Strabo, noch König Juba, denn beide konnten nicht mehr das Werk des Valerius Maximus benutzen, beide standen auch mit ihren Sympathieen auf Seiten des Kaiserhauses und werden nicht die Geschichte zu Gunsten des M. Brutus entstellt und dadurch indirekt den Tyrannenmord verherrlicht haben. Verschiedene Anzeichen deuten darauf hin, daß wir in jener Quelle, die dem Plutarch vorlag, das Geschichtswerk des Cremutius Cordus zu erblicken haben. Für diese Konjektur sprechen folgende Gründe: 1. Plutarchs Bericht läuft im wesentlichen auf eine **Glorifizierung** des M. Brutus hinaus; Cremutius Cordus hatte aber in seinem Geschichtswerk **den M. Brutus derartig verherrlicht, daß diese Verherrlichung ihm das Leben kostete.** 2. Der Anfang von Brut. 44 und Cic. 49 stimmen überein mit Fragmenten des Geschichtswerkes des Cremutius Cordus s. oben S. 4. 3. Nach Tac. ann. IV, 34 entrüstete sich Cremutius Cordus darüber, daß man zu seiner Zeit die Verschworenen vielfach latrones ac parricidas nannte; diese charakteristische Wendung latrones ac parricidas kehrt, wenn auch nicht in gleichlautender, so doch in stark anklingender Fassung in unserer ganzen Überlieferung, soviel ich sehe, nur ein einziges Mal wieder, und zwar Plut. Ant. 14, wo es heißt, daß Antonius in der Leichenrede die Mörder μιαιφόνους καὶ ἀνδροφόνους nannte; es ist demnach nicht unwahrscheinlich, daß Plutarch auf Grund des Studiums des Geschichtswerkes des Cremutius Cordus dem Antonius, dem Gegner der Verschworenen, dessen Verfahren herabgesetzt werden soll, die Worte μιαιφόνους καὶ ἀνδροφόνους in den Mund legte. — Unter Zugrundelegung der Briefe des Brutus, der Schriften des Octavian, des Nikolaus und des Valerius Maximus allein konnte selbstverständlich Cremutius sein Geschichtswerk nicht abfassen, er mußte noch andere Quellen heranziehen. Nun werden citiert von Plutarch die Schriften des Messala und des Volumnius, und überdies muß seiner Darstellung auch noch vielfach die livianische Tradition zu Grunde liegen, da er häufig mit Dio und anderen Autoren, die meistens aus Livius zu schöpfen pflegten, übereinstimmt. Man vergleiche: 1) Ant. 18 mit Dio 46, 51 Antonius und Lepidus lassen in Gallien einen Legaten zurück: 2. Brut. 23 und Dio 47, 20 (Brut. 23: μαριάδασι καταγνοὺς τῶν πραγμάτων ἔγνω — ὁ Βροῦτος — καταλιπεῖν Ἰταλίαν; Dio 47, 20: τῆς δημοκρατίας ἀπογνόντες — Βροῦτος καὶ Κάσσιος - ἀπῆραν; 3. Brut. 24 und Dio 47, 20 (glänzender Empfang zu Athen; Brut. 25 und Dio 47, 21 (ehemalige Soldaten des Pompejus scharen sich um Brutus); Brut. 28 und Dio 47, 24 (C. Antonius hingerichtet zur Rache für Dec. Brutus); Brut. 34 und Dio 47, 35 es galt, zahlreiche Mißverständnisse zwischen Brutus und Cassius, die durch Verleumdung anderer aufgekommen waren, zu zerstreuen); Plut. 38 und Dio 47, 37 (die Triumvirn waren den Republikanern an Streitkräften überlegen); Plut. 39 und Dio 47, 38 (die Triumvirn hatten die Sühnung des Heeres im Lager vorgenommen); Plut. 44 und Dio 47, 47 (die Leiche des Cassius wird heimlich nach Thasos geschafft, damit ihr Anblick die Soldaten nicht mutlos mache); Brut. 40 mit Flor. II, 17, 14 (Übereinkommen zwischen Cassius und Brutus); Brut. 27 mit Vell. Pat. II, 69, 5 (Agrippa tritt als Ankläger gegen Cassius auf); Ant. 17 und Vell. Pat. II, 61, 4 (schimpfliche und entbehrungsreiche Flucht des Antonius aus Italien). Hinsichtlich der Übereinstimmungen zwischen Plutarch und Dio in ihren Angaben über die Ereignisse des Jahres 44 verweise ich auf die Ausführungen von Gross (a. a. O. S. 126). Selbstverständlich steht nicht fest, daß diese sämtlichen Übereinstimmungen aus Livius herrühren, sie würden aber kaum in so großer Anzahl vorkommen, wenn die weitverbreitete livianische Tradition sich nicht auch in die Darstellung des Plutarch hineinverzweigte. Ann. IV, 34 legt aber Tacitus dem Cremutius Äußerungen in den Mund, aus denen hervorgeht, daß dem Cremutius das Geschichtswerk des Livius und die Schrift des Messala bekannt waren, mithin liegt die Möglichkeit vor, daß er auch diese beiden Autoren dem Plutarch vermittelte. In den für uns in Frage kommenden Viten zeigt sich Plutarch in der Bildung seiner Ansicht wenig selbständig, er ist durchaus von seiner Quelle abhängig, das beweist sein schwankendes Urteil über Cassius und Antonius; da er aber andererseits in den von mir untersuchten Partieen dieser Viten sein Urteil über die handelnden Personen mit Konsequenz festgehalten hat, und da ferner diese Partieen in ihren Hauptmomenten dieselben charakteristischen, zu Gunsten des M. Brutus gefärbten Abweichungen von Appian aufweisen, so deutet das darauf hin, daß Plutarch, der sich in seinen römischen Biographieen auf wenige Quellen zu beschränken pflegte, auch hier sich durchgehends an dieselbe Quelle angeschlossen hat, nämlich an das Geschichtswerk des Cremutius Cordus, das zugleich die oben gekennzeichnete Nebenquelle Appians bildete. Dabei ist selbstverständlich nicht ausgeschlossen, daß Plutarch das Geschichtswerk des Livius, das ihm ja keineswegs unbekannt war, auch hier bisweilen zur Ergänzung seines Berichtes direkt herangezogen hat s. oben S. 75), so daß dasselbe teils indirekt, teils direkt benutzt ist: ein solches Verhältnis der livianischen Tradition zum plutarchischen Bericht hat bereits Jensen in der von ihm untersuchten Periode konstatiert. Ob die Schrift des Volumnius direkt oder indirekt benutzt vorliegt, ist eine Frage von nur untergeordneter Bedeutung; für die indirekte Benutzung spricht, daß Cremutius nach Tacitus ann. IV, 34 in der Litteratur der letzten Dezennien der Republik und in der des beginnenden Kaiserreiches nicht unbewandert gewesen sein muß, während Plutarch von einer ähnlichen Schrift, nämlich der des Bibulus, ausdrücklich hervorhebt, sie sei bis auf seine Zeit gerettet. Ich will nicht unerwähnt lassen, daß m. E. Plutarch das Geschichtswerk des Cremutius für die Vita des Brutus neben den Hypomnematen des Strabo auch bereits in der Periode vor der Ermordung Cäsars herangezogen hat; zu dieser Annahme halte ich mich u. a. namentlich auch auf Grund von Brut. 8 und 9 berechtigt, die mit Brut. 29 manche Verwandtschaft zeigen.